INA VON KÖNIG-BUNK

Richtig Reiten

blv

Was Sie in diesem Buch finden

Faszination Reiten

Während früher die Reiterei nur den besser gestellten gesellschaftlichen Schichten vorbehalten war, ist heute der Reitsport für alle zugänglich und ein bezahlbares Hobby geworden. Besonders Kinder und Jugendliche sind von Pferden und deren Persönlichkeit fasziniert und verbringen oft jede freie Minute im Reitstall. Aber auch Erwachsene begeistert die Schönheit der Tiere und sie finden in dieser Sportart eine ideale körperliche Betätigung, die zu ihrer Fitness beiträgt und ihnen täglich Freude bereitet. Kinder und Jugendliche erlernen das Reiten und die komplexen Bewegungsabläufe natürlich schneller als ein Erwachsener.

Mutig springt die Reiterin über den Baumstamm.

Mit Fleiß hat aber grundsätzlich jeder, unabhängig von Alter oder Talent, die Chance, ein guter und sicherer Freizeitreiter zu werden. Ohne Fleiß nützt das größte Talent nichts!

Freude am Reiten mit Wissen und Verantwortung

Um »richtig« reiten zu lernen, ist neben den reittechnischen Kenntnissen in der Reitbahn eine ganze Menge theoretisches Wissen erforderlich, um das Pferd mit seinen typischen Verhaltensweisen zu verstehen.

- »Richtig« reiten heißt, Verantwortung für ein Lebewesen zu übernehmen, das von unserem Verhalten abhängig ist und nicht wie ein Tennisschläger in die Ecke gestellt werden kann.
- »Richtig« reiten bedeutet richtiger Umgang und richtige Pflege, die von großer Bedeutung für das Wohlbefinden des Tieres sind.
- »Richtig« reiten wird erst durch einen korrekten Grundsitz auf dem Pferd und geschicktes Einfühlungsvermögen möglich. Wenn diese Voraussetzungen erfüllt sind, kann der Reiter das Pferd veranlassen, seinem Willen zu folgen. Nur so kann eine Beziehung des Pferdes zu seinem Reiter entstehen, die durch Vertrauen und Gehorsam gekennzeichnet ist.
- »Richtig« reiten heißt, das Pferd als Partner anzusehen und nicht als Untertan! Da, wo ein partnerschaftliches Verhältnis aufgebaut ist, auf artgerechten Umgang und auf korrektes Reiten Wert gelegt wird, stellt sich die gewünschte Harmonie zwischen Reiter und Pferd ein.

Und das Wichtigste: »Richtig« reiten lernt man nur durch Reiten! Denn über dem Studium aller Bücher und den Anweisungen von Reitlehrern zeigt uns nämlich das Pferd immer wieder unsere eigenen Fehler auf. Dazu muss natürlich die Bereitschaft vorhanden sein, das Pferd als Lehrmeister anzunehmen und selbstkritisch eigene Fehler zu analysieren.

Was dieses Buch vermittelt

Das vorliegende Buch richtet sich an den ambitionierten Reiteinsteiger mit dem Anspruch, »richtig« reiten zu lernen. Dabei vermittelt es neben reittechnischen Kenntnissen das theoretische Basiswissen, die Sprache des Pferdes und seine ganz spezifischen Verhaltensweisen besser zu deuten und zu verstehen. Es soll dem Reitanfänger helfen, das reiterliche Handwerkszeug zu erlernen, um in allen drei Grundgangarten des Pferdes sicher und unabhängig im Sattel zu bleiben.
Ohne den Anspruch einer klassischen Reitlehre zu erheben, versucht es mit vielen Beispielen aus der Praxis die Denkweise des Pferdes dem Leser näherzubringen und bei Problemen auf dem Pferd Hilfestellungen aufzuzeigen. Dabei verstehen wir unter richtig reiten weder ein eintöniges Üben in der Reitbahn noch, ausschließlich spazieren zu reiten. Ein abwechslungsreiche s,harmonisches und freudiges Zusammensein mit und auf dem Pferd steht immer im Mittelpunkt.
Denn: »Das größte Glück der Erde liegt auf dem Rücken der Pferde.«

Freude beim gemeinsamen Ausritt

Pferde kennen und verstehen

Für jeden Einsteiger ist es wichtig, die Verhaltensweisen und Grundbedürfnisse eines Pferdes zu kennen. Denn nur so sind ein artgerechter Umgang und eine auf Vertrauen aufgebaute harmonische Beziehung möglich.

Verhaltensweisen des Pferdes

Es lohnt sich, das Pferd auf der Weide mit seinen Artgenossen oder im Stall genau zu beobachten, um seine Verhaltensweisen und seine Sprache zu verstehen. Der Reiter lernt die Stimmungslage seines Pferdes zu erkennen, sodass viele Verständigungsschwierigkeiten und die daraus resultierenden Probleme vermieden werden können. Nur so kann das Verhältnis durch Vertrauen, Harmonie und Gehorsam geprägt sein!
Viel Erfahrung ist jedoch nötig, um das Verhalten und die psychische Verfassung des Tieres immer richtig einzuschätzen.

Genetische Prägung

Das Verhalten ist vorwiegend durch genetische Erbanlagen festgelegt, die sich von denen seiner Vorfahren auch heute noch kaum unterscheiden. Natürliche Instinkte sind für die Selbsterhaltung und die Artenerhaltung verantwortlich.

Friedlich und gesellig

Von Natur aus ist das Pferd ein friedliches, geselliges Tier, das den sozialen Kontakt zu

Die Herde galoppiert zur nächsten Weide.

anderen Pferden sucht und in ständiger Kommunikation mit seinen Artgenossen lebt. Als Herdentier hat es ein ausgeprägtes Bedürfnis, mit seinen Artgenossen in Sicht-, Hör-, Geruchs- und Körperkontakt zu stehen.
Der Herdenverband bietet ihm Schutz vor Feinden, und so schläft es zum Beispiel auf der Weide nur dann im Liegen, wenn die anderen Artgenossen zur »Wache« stehen bleiben und Schutz bieten. Erkennt ein Pferd aus der Herde eine Gefahr, warnt es durch Gestik die anderen Pferde in der Gruppe, damit diese ebenso zur Flucht bereit sind.
Durch den Herdentrieb bedingt, entfernt es sich äußerst ungern aus seinem Sozialverband, da es in der freien Natur als Einzelgänger verloren wäre.

Feste Rangordnung

In jeder noch so kleinen Herde (auch 2er Gemeinschaft) herrscht eine Rangordnung, die das Zusammenleben der Tiere regelt.
Kämpfe können besonders bei Fohlen und Junghengsten beobachtet werden, die nicht zimperlich miteinander um ihre Rangposition in der Herde kämpfen. Dabei schlagen sie mit den Hinterbeinen aus, stellen sich auf die Hinterbeine (steigen) oder beißen heftig zu, bis der Verlierer aufgibt und sich zurückzieht.
Besonders Neuzugänge müssen in einem alten Herdenverband ihren Platz in der Rangfolge der Herde erkämpfen. Aber auch Zuneigungen und Freundschaften sind auf der Weide zu beobachten. Dann grasen die Pferde eng zusammen, kraulen sich das Fell oder lassen aus Eifersucht kein anderes Pferd an ihren Freund heran.

So wird der Mensch zum Leittier

In der Partnerschaft Pferd und Mensch sollte der Reiter immer die höhere Rangordnungsposition besitzen und das sogenannte Leittier sein.
Eine Missachtung muss sofort bestraft werden; jedoch bedeutet Respekt verschaffendes Verhalten nicht rohe Gewalt! Eine sofortige Anerkennung des untergeordneten Pferdes ist wichtig, da in der Natur keine Fälle bekannt sind, wo nach der Unterwerfung weitere Demütigungen folgen.
Eine sichere Unterscheidung zwischen Angst oder Ungehorsam darf nur dem erfahrenen Pferdekenner vorbehalten sein. Denn: In der Regel sind Pferde freundliche Wesen und schlagen und beißen nur durch falsche Behandlung.

Zwei Hengste kämpfen um die Rangordnung.

Mit ausgeprägtem Fluchtinstinkt

Pferde sind Fluchttiere. Die früher in der Steppe lebenden Grasfresser konnten ihren Feinden nur durch Fliehen entkommen. Damit sie bei körperlicher Anstrengung keinen Hitzestau erleiden, schwitzen sie genau wie der Mensch durch die Haut. Viele Pferde ängstigen sich vor unbekannten Gegenständen, Geräuschen oder schnellen Bewegungen, denn diese könnten Lebensgefahr bedeuten.
Schreckhaftigkeit und Fluchtbereitschaft sind bei den heutigen Pferden je nach Rasse, Temperament, vorangegangenen Erlebnissen etc. sehr unterschiedlich ausgeprägt. Trotzdem sollten wir uns aus Sicherheitsgründen immer bewusst machen, dass wir es mit einem Fluchttier zu tun haben.
Dabei dürfen wir ängstliches Verhalten nicht bestrafen, da das Tier nur seinen Instinkten folgt. Mit Ruhe und Geduld ist die Angst zu nehmen und Vertrauen aufzubauen.

Pferde haben ständig Appetit. Der kleine Magen der Pferde macht eine möglichst häufige Futteraufnahme in kleinen Portionen notwendig.

Reine Boxenhaltung macht nervös

Als Lauftiere legten sie früher viele Kilometer in der Steppe am Tag zurück, um genügend Futter aufzunehmen (die meiste Zeit im Schritt und nur kurze Phasen Galopp). So wird einsichtig, dass es keine artgerechte Haltung sein kann, wenn ein Pferd 23 Stunden im Stall verbringt und nur eine Stunde am Tag die Box verlässt.
Langeweile und Bewegungsmangel fördern viele Untugenden und Widersetzlichkeiten. Deshalb muss der Pferdebesitzer dafür sorgen, seinem Pferd durch Reiten und Weidegang/Auslauf immer genügend Bewegung anzubieten.

Fressen – und das den ganzen Tag

Als Dauerfresser in der Natur verbringt es fast den ganzen Tag mit Futteraufnahme, sodass bei Stallhaltung immer genügend Heu und Stroh anzubieten ist, um es zu beschäftigen sowie Magen- und Darmprobleme zu vermeiden. Selbstverständlich sollte dieses Futter immer von hoher Qualität sein. Nur so kann unser Pferd gesund bis ins hohe Alter bleiben!

Die Sinnesorgane

Der Geruchs-, Hör- und Sehsinn ist bei Pferden sehr gut ausgeprägt, um in der Natur frühzeitig Feinde zu erkennen und zu fliehen.

Der Geruchssinn

Mithilfe des außerordentlich guten Geruchssinns können sie schon aus der Ferne Gefahren erkennen und Feinde wittern. Er wird aber auch eingesetzt, um andere Artgenossen zu begrüßen oder wiederzuerkennen. Auch wenn sich Pferde das erste Mal begegnen, beschnuppern sie sich ausführlich. Recht schnell wird entschieden, ob man sich sympathisch ist oder aus dem Weg geht.
Haben Pferde extreme Gerüche in der Nase, flehmen sie. Dabei stülpen sie die Innenseite der Oberlippe nach außen und heben mit verdrehten Augen den Kopf. Ebenso flehmen Hengste, wenn sie den Geruch einer Stute in der Nase haben. Aber auch, wenn ihnen ein Geruch missfällt, ziehen sie ihre Oberlippe nach oben. Bei der Auswahl von Futter vertrauen Pferde ihrem Geruchs- und Geschmacksinn. So lassen sie zum Beispiel kleinste Spuren von Medizin in der Krippe liegen und fressen dennoch den Hafer zum Ärger des Besitzers komplett auf.

Das Gehör

Auch das Gehör ist dem menschlichen weitaus überlegen. Die mit vielen Muskeln ausgestatteten, sehr beweglichen Ohren kann das Pferd fast in alle Richtungen drehen, sodass sehr gutes Hören und genaues Orten eines Geräuschs möglich ist, um schnell in die richtige Richtung fliehen zu können. Ist ein Geräusch von besonderem Interesse, dreht es seinen Kopf oder sogar den ganzen Körper in die Richtung, um sich auch optisch einen Eindruck zu verschaffen.
Ist der optische Eindruck nicht ganz so furchterregend, frisst es meistens anschließend ganz unbekümmert weiter.

Nicht nur Gerüche, auch Bauchschmerzen können eine Ursache für das Flehmen sein.

Die Augen – beinahe mit Rundumsicht

Die Augen des Pferdes sind seitlich, und jedes Auge nimmt ein anderes Bild auf, sodass ihm fast eine Rundumsicht möglich ist. Bei der Nahrungsaufnahme kann es gleichzeitig von hinten anschleichende Feinde erkennen und seine Artgenossen beim Fressen beobachten.

Schlechte Frontalsicht

Nur wenn ein Pferd nach vorne sieht, wird das Bild mit beiden Augen wahrgenommen und verarbeitet. Räumlich scharfes Sehen ist also nur im vorderen Bereich möglich. Jedoch sehen Pferde schlecht, wenn direkt vor ihrem Kopf etwas passiert. Deshalb mögen es viele Pferde nicht, wenn sich frontal etwas vor ihrem Kopf bewegt. Sie erschrecken, sodass der Reiter sich immer von vorn seitlich zur Begrüßung nähern sollte.

Mit scharfen Sinnen

Kleinste Veränderungen in seiner Umwelt nimmt das Pferd mit seinen Sinnen sehr genau wahr.
Steht zum Beispiel ein Blumentopf in der Reithalle in einer anderen Ecke als üblich, fühlen sich viele Pferde irritiert und reagieren entsprechend mit Angst oder Fluchtverhalten.

GUT ZU WISSEN

Ein Pferdefachmann erkennt anhand des Pferdeauges manche Charaktereigenschaft. So deutet ein großes rundes Auge ohne viel Weiß in der Iris auf Intelligenz und Ausgeglichenheit. Kleine Schlitzaugen mit viel Weiß stehen eher für schlechtere Charaktereigenschaften.

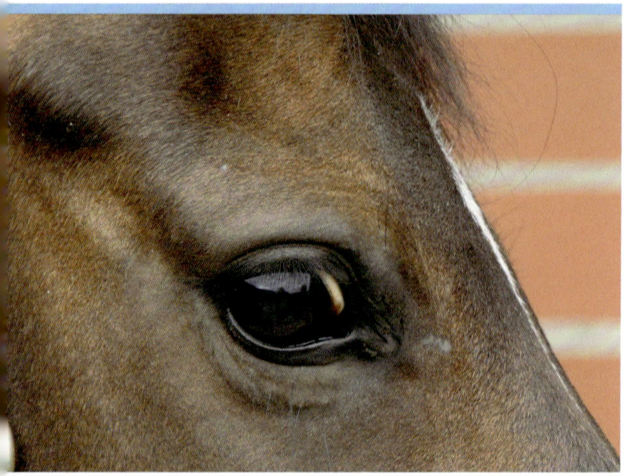

Ein großes aufmerksames Pferdeauge, das Rückschlüsse auf positive Charaktereigenschaften schließen lässt.

Die Aufmerksamkeit ist hier mit einem Ohr nach vorn und mit dem anderen nach hinten gerichtet.

Die Sprache der Pferde

Die Sprache der Pferde untereinander sowie dem Menschen gegenüber ist vielfältiger, als es auf dem ersten Blick den Anschein hat.

Intensive Körpersprache

Pferde kommunizieren mit ihren Artgenossen schon mit kleinsten Muskelbewegungen und setzen ihre Stimme (Wiehern) eher selten ein. Ein Gemütszustand oder eine Absicht wird immer mithilfe des ganzen Körpers signalisiert, wobei einzelne Körperteile eine besondere Wichtigkeit erhalten.

Dabei können sie mithilfe von Gesichtsausdruck, Lautäußerungen, Körperhaltung, Schweifhaltung und der Art, sich fortzubewegen, kommunizieren.

Viel sagt die Kopfstellung

An der Kopfstellung lässt sich in Verbindung mit dem Gesichtsausdruck und der Körperhaltung eines Pferdes sein psychischer Zustand erkennen. Zum Beispiel deutet ein erhobener Kopf mit weit aufgerissenen Augen, hoch gestelltem Schweif, gespitzten Ohren und angespannten Muskeln, die zur Flucht bereit sind, auf höchste Anspannung hin. Als Reiter ist dann natürlich

Das Pferd blickt mit gespitzten Ohren interessiert und neugierig aus seiner Box.

Flach angelegte Ohren sagen uns, dass wir besser Abstand halten sollten.

Die ganze Aufmerksamkeit ist nach vorn gerichtet.

Vorsicht geboten! Das Pferd ist mit der Stimme zu beruhigen, um ihm die Angst zu nehmen. Dabei sollte der Reiter möglichst locker bleiben, damit sich seine Anspannung nicht auf sein Pferd überträgt. Hoher Kopf bei interessiertem Auge ohne große Körperanspannung kann aber auch Neugierde und Interesse bekunden. Oft werden nach einer gewissen Zeit des genauen Beobachtens die Pferde neugierig und laufen dann sogar in Richtung des unbekannten Gegenstandes, um sich von dessen Ungefährlichkeit zu überzeugen.
Ist die Hals- und Kopfstellung bei ruhigem Auge entspannt, deutet alles auf eine momentane entspannte Stimmungslage ohne Gefahren hin.

»Sprechende« Ohren

Flach angelegte Ohren nach hinten und/oder ein aufgerissenes Maul sagen: »Vorsicht, ich kann beißen oder schlagen. Lass mich bloß in Ruhe.« Dieses Verhalten sollte man gerade beim Fressen oder Dösen eines Pferdes akzeptieren und sich distanzieren.
Jedoch ist beim Reiten ein leichtes Spiel mit den Ohren gewünscht, und leicht nach hinten gerichtete Ohren zeigen Konzentration auf den Reiter. Sind stattdessen die Ohren nach vorn auf einen Gegenstand gerichtet, ist das Pferd abgelenkt. Der Reiter braucht sich in diesem Moment nicht zu wundern, wenn das Pferd nicht auf seine Wünsche reagiert. Deshalb sollten wir das Ohrenspiel auch während des Reitens immer gut beobachten, um gegebenenfalls die Konzentration wieder auf uns zu lenken.
Zur Seite hängende Ohren, manchmal in Verbindung mit einer leicht hängenden Unterlippe, zeigen, dass das Pferd gerade entspannt ist oder im Stehen döst.

Akustische Signale

Ein geräuschvolles Schnauben durch die Nüstern mit angespannter Körperhaltung signalisiert Aufregung oder Angst und warnt Artgenossen. Es darf aber nicht mit dem Abschnauben beim Reiten verwechselt werden, das ein Zeichen für Zufriedenheit und Entspannung ist. Mit lautem Wiehern begrüßt das Pferd seine Artgenossen oder ruft das sich von der Herde entfernende Tier zurück. Stuten quieken oft als Drohgebärde und schlagen mit den Vorder- und Hinterhufen aus, wenn sie ein fremdes Pferd beschnuppern und ihre Position in der Herde verteidigen möchten. Manche Pferde quieken aber auch bei Freudesprüngen auf der Weide und teilen so ihre Lebensfreude mit. Am besten lässt sich die Sprache der Pferde durch genaues Beobachten im Stall und auf der Weide erlernen. So können auch Gefahren für uns und andere schneller eingeschätzt werden.

Das Pferd ruht mit dem linken Hinterbein und döst in der Sonne.

Weitere Eigenschaften und Bedürfnisse

Als Gewohnheitstiere lieben Pferde gleiche Tagesabläufe. So sind feste Fütterungs-, Ruhe- und Arbeitszeiten einzuhalten, die für ihr Wohlbefinden wichtig sind. Wird zum Beispiel das Pferd zu einer anderen Tageszeit als sonst üblich geritten, bedeutet diese Veränderung schon eine Umstellung. Beim ersten Mal sollten in diesem Fall keine Höchstleistungen verlangt werden.

Frische Luft und Gesellschaft

Pferde benötigen für ihre Gesundheit viel frische Luft und sozialen Kontakt zu Artgenossen. Gegenseitiges Fellkraulen, Wälzen im Dreck und ohne reiterlichen Zwang über die Weide zu galoppieren machen Pferde glücklich!
Pferde sind nicht kälteempfindlich und ziehen den Auslauf auch bei Minustemperaturen dem Stall vor. Auch Hitze ist kein Problem, wenn auf der Weide ein Schattenplatz zur Verfügung steht. Nur nasskaltes Wetter lieben Pferde nicht und es führt leicht zu Erkältungskrankheiten.

Pferde zeigen ihre Zuneigung auch durch gegenseitiges Fellkraulen.

MEIN TIPP

Die meisten Pferde sind bestechlich und freuen sich besonders bei guter Leistung über ein Leckerli. Die schönste Belohnung ist jedoch: Absitzen und zurück auf die Weide!

Die »geistigen Gaben«

Inwieweit Pferde intelligent sind, ist fraglich. Jedoch besitzen sie ein gutes Erinnerungsvermögen. Logische Konsequenzen einer Handlung verstehen die Tiere nicht, sodass zeitlich verzögertes Loben oder Strafen nicht die erwünschte Reaktion bewirkt. Deshalb muss Lob oder Strafe unverzüglich folgen, ansonsten wird der Zusammenhang nicht erkannt!
Als sanftes, einfühlsames Wesen benötigen sie einen ruhigen, bestimmten Umgang und hassen hektische Bewegungen. Anhand des Tonfalls erkennen sie sehr gut die psychische Verfassung des Reiters. Deshalb sollte immer mit ruhiger Stimme gesprochen und sollten immer die gleichen Kommandos zur Verständigung gewählt werden.

Für das Wohlbefinden eines Pferdes ist sozialer Kontakt wichtig. Durch gegenseitiges Beschnüffeln wird ein Artgenosse begrüßt.

Besonders gerne wälzen sich Pferde im weichen Sand. Meistens schnuppern sie ausgiebig an einer ausgesuchten Stelle, knicken mit den Vorderbeinen ein und lassen sich dann zu einer Seite fallen.

Wissenswertes vor dem Reiten

Auch wenn die meisten Anfänger es kaum erwarten können, endlich selbst in den Sattel zu steigen, sollten sie sich vorher das nötige Grundwissen aneignen.

Anforderungen an Reiter und Reitlehrer

Das Wichtigste, um ein guter Reiter zu werden, ist die unendliche Liebe zum Pferd. Hinzu kommen der ständige Wille, das Lebewesen mit seinem Verhalten zu verstehen, und der Wunsch, ein partnerschaftliches, auf Vertrauen basierendes Verhältnis zum Vierbeiner aufzubauen.
Dazu gehören neben Geduld ständige Selbstkritik, die Bereitschaft, sich selbst zu quälen und nicht das Pferd, Einfühlungsvermögen, Verantwortungsbewusstsein, Bewegungsgefühl und eine gute Körperbeherrschung.

Das junge Mädchen zeigt ihre ganze Liebe zu ihrem Pony.

Mit Geduld und Selbstkritik

Die meisten Fehler sind Reiterfehler, sodass immer zuerst der Fehler beim Reiter zu suchen ist. Reiten lernt man ein Leben lang und so ist es selbstverständlich, dass immer wieder Rückschläge zu verkraften sind. Der Reiter darf sich jedoch nicht davon beeindrucken lassen und die Motivation verlieren. Ein »richtiger« Reiter zu sein bedeutet weitaus mehr, als sicher auf dem Pferd zu sitzen oder jedes Wochenende auf Turnieren Schleifen zu sammeln. Der gute Reiter behält immer die Achtung vor der Kreatur, ohne dabei die Führungsrolle aufzugeben.

Statur und Kraft spielen keine Rolle

Reiten ist kein Kraftsport – im Gegenteil: Ziel ist es, mit fast unsichtbaren Hilfen sich mit dem Pferd zu verständigen. Deshalb stellt der Sport keine Anforderung an bestimmte körperliche Maße. Natürlich wird ein schlanker Reiter sicherlich immer eleganter zu Pferd sitzen. Entscheidend ist dies aber nicht, denn die eben genannten Eigenschaften sind mindestens von genauso großer Bedeutung.
Auch wenn Reiten eine Individualsportart ist, so sind Hilfsbereitschaft und Freundlichkeit zu seinen Reiterkollegen selbstverständlich. Die gemeinsame Liebe zum Pferd verbindet, der Austausch untereinander erweitert das eigene Wissen und Reiten in der Gruppe macht noch mehr Spaß!

Anforderungen an den Reitlehrer

Die Aufgabe des Reitlehrers besteht darin, den richtigen artgerechten Umgang mit dem Pferd und »richtiges« Reiten entsprechend den individuellen Zielen des Schülers zu lehren. Auf dem lebenslangen Weg des Reitenlernens werden auch von ihm viel Geduld, pädagogische Kenntnisse und Einfühlungsvermögen gefordert. Denn jeder Schüler ist anders und muss in seiner Ausbildung da abgeholt werden, wo er sich reiterlich befindet. Eine Über- oder Unterforderung bringt keinen Erfolg. Eine Einteilung in homogene Gruppen, abwechslungsreicher Unterricht und die Fähigkeit, Schüler zu motivieren, lassen keinen Frust aufkommen und helfen, Rückschläge zu verkraften.
Als Pferdefachmann sollte er nicht nur reittechnisches Wissen vermitteln, sondern auch die Reaktionen und Gefühle der Pferde immer wieder erklären, um so das gegenseitige Verständnis zu fördern. Ohne dieses Grundwissen wird sonst sein Schüler niemals gefühlvoll und harmonisch reiten lernen und ein emotionsloser »Handwerker« auf dem Pferde sein. Treten Probleme auf, sollte er immer mit dem Reiter zusammen eine Fehleranalyse erstellen und gemeinsam nach Erklärungen suchen. Nur wenn dem Reiter die Ursache für seine Fehler bekannt wird, kann er daraus lernen und diese beseitigen.

Manchmal muss der Reitlehrer einzelne Körperpartien in die richtige Position durch »Handanlegen« bringen.

Die Qualifikation

Reitlehrer sollten eine entsprechende Ausbilderprüfung abgelegt haben und über entsprechende Reitkenntnisse verfügen. Man unterscheidet zwischen Amateurausbilder und Berufsreiter, wobei die Amateurausbilder an der Basis mit Anfängern und leicht Fortgeschrittenen arbeiten. Der Berufsreiter kann aufgrund seiner qualifizierten Ausbildung auch erfahrenen Reitschülern Unterricht geben. Grundsätzlich sollte der Reitlehrer auch in der Klasse geritten sein, in der er Unterricht erteilt, da das gegenseitige Verständnis leichter fällt. Anfangs führt er ein ausführliches Erstgespräch und erkundigt sich nach Vorkenntnissen, Wünschen und Zielen. Anfänger nimmt er so lange an die Longe, bis eventuelle Ängste abgebaut sind und eine gewisse Stabilität im Sitz erreicht ist. Er teilt seine Stunden in Arbeitsphasen und Pausen ein, um weder Pferd noch Reiter zu überfordern. In den Pausen lässt er theoretische Kenntnisse einfließen. Kraftausdrücke und Schreierei gehören nicht zum guten Unterrichtsstil und hemmen den Lernerfolg. Guter Unterricht ist die Grundvoraussetzung, um richtig reiten zu lernen, und selbst erfahrene, erfolgreiche Reiter lassen sich immer wieder korrigieren.

Sitzübungen sind die beste Lernmethode, sich korrekt und ausbalanciert auf dem Pferd zu halten.

Mit erwachsenen Reitschülern

Reitlehrer, die Erwachsene unterrichten, müssen neben pädagogischen Kenntnissen in der Erwachsenenbildung auch Verständnis für deren ganz spezielle Probleme haben. Dabei sind Ängste ein häufiges Problem und müssen mit entsprechender pädagogischer Erfahrung begleitet werden. Während Kinder und Jugendliche reiten spielerisch erlernen, fällt Erwachsenen es deutlich schwerer, neue Bewegungsabläufe umzusetzen. Lange sitzende Bürotätigkeiten vermindern das Körpergefühl und die Beweglichkeit. Koordinationsprobleme sind die Folge, die der Ausbilder mit bestimmten Übungen auf dem Pferderücken beseitigen kann. Auch helfen viele gymnastische Übungen vor dem Reiten, den Körper wieder locker zu machen und sich den ungewohnten Bewegungen anzupassen. Doch mit genügend Motivation, Fleiß und Übung kann selbstverständlich auch ein Erwachsener reiten lernen.

Eigenschaften eines Lehrpferdes

Nicht jedes Pferd ist ein gutes Lehrpferd. Ein ruhiges Temperament und eine gewisse Fehlertoleranz dem Reiter gegenüber sind Grundvoraussetzungen. Zu empfindliche, sensible Pferde sind für den Anfänger gefährlich.

Vierbeinige Pädagogen

Als Grundsatz gilt: Unerfahrene Reiter lernen auf älteren, gut ausgebildeten Pferden und nur erfahrene Reiter dürfen junge, unausgebildete Pferde reiten. Jedoch muss ein gutes und braves Lehrpferd immer wieder von Fortgeschrittenen korrigiert werden, damit es nicht abstumpft oder sogar frech wird.
Der Körperbau des Pferdes sollte dabei annähernd zu dem Körperbau des Reiters passen, um gesundheitliche Probleme im Rücken des Pferdes zu vermeiden. Schwerere Reiter benötigen kräftige Pferde (Gewichtsträger) und leichtere Reiter zierliche Pferde, da diese in der Regel auch leichter zu regulieren sind. Aber auch hier gibt es Ausnahmen und mancher »Riese« ist auch für kleine Kinder als Lehrpferd geeignet. Gerade kleinere Ponys können für Anfänger recht schwierig sein, da sie nicht von Erwachsenen Korrektur geritten werden können.

Ein ruhiges Temperament, Gehorsam und ein ausgeglichener Charakter gehören zu den wichtigsten Eigenschaften eines Schulpferdes.

Mit guter Grundausbildung

Nur wenn das Lehrpferd eine korrekte Grundausbildung erfahren hat, kann der Reitschüler die richtige Hilfengebung erlernen. Ein weicher Gang, der den Anfänger gut sitzen lässt, ist ebenso von Bedeutung wie ein leicht regulierbarer Vorwärtsdrang.

Ist der Reiter fortgeschritten, sollte auch die Möglichkeit bestehen, auf sehr gut ausgebildeten Pferden feines Reiten zu erlernen und sein Gefühl für feine Hilfen zu verbessern.

Auch im Springunterricht ist der Anfänger auf fehlertolerante, sichere Pferde angewiesen, die im Tempo gut regulierbar sind, Erfahrung haben und gerne und willig springen. Gerade am Anfang des Springreitens ist es wichtig, dass das Pferd die Verantwortung übernimmt und selbst den richtigen Absprung vor einem Sprung findet.

So kann der Reiter sich auf die Linienführung, das gleichmäßige Grundtempo und einen guten Sitz konzentrieren.

Schulpferde brauchen beste Pflege

Die Leistung der Schulpferde sollten wir immer anerkennen, denn durch ihre Geduld wird jedem Anfänger der Einstieg in die Reiterei ermöglicht.

Auf ihr Wohlbefinden und auf schonenden Einsatz haben wir besonders zu achten, um ihre

Dieser kräftige Haflinger ist aufgrund seines ruhigen Temperaments und gutmütigen Charakters auch für einen jungen Reitschüler geeignet.

Gesunderhaltung zu gewährleisten und geistige Abstumpfung zu vermeiden.
Weidegang als Ausgleich und liebevoller Umgang sind auch bei Schulpferden selbstverständlich!

Das Gebäude des Pferdes

Unter Gebäude, auch Exterieur genannt, versteht der Pferdefachmann den Körperbau eines Pferdes und seine Proportionen.
Jedes Pferd ist anders gebaut und kann so entsprechend manche Aufgaben besser und manche Aufgaben weniger gut meistern. Am Widerrist (siehe Abbildung unten), der die kleine Erhebung am Übergang vom Hals zum Rücken ist, wird die Größe (Stockmaß) gemessen. Je nach Rasse erreichen Pferde ein Stockmaß von ca. 50 cm (Minipony) bis zu 220 cm (Shire Horse). Pferde, die kleiner als 149 cm sind, werden als Ponys bezeichnet und häufig mit Kindern eingesetzt. Entsprechend der Größe ist auch das Gesamtgewicht sehr unterschiedlich. So bringt ein normales Warmblutpferd zwischen 550 und 750 kg auf die Waage. Jetzt wird klar, warum ein Tritt auf die Füße sehr schmerzhaft sein kann. Pferde können zwischen 20 und 30 Jahren alt werden, wobei das Alter stark abhängig von Haltung, Nutzung und Pflege ist.

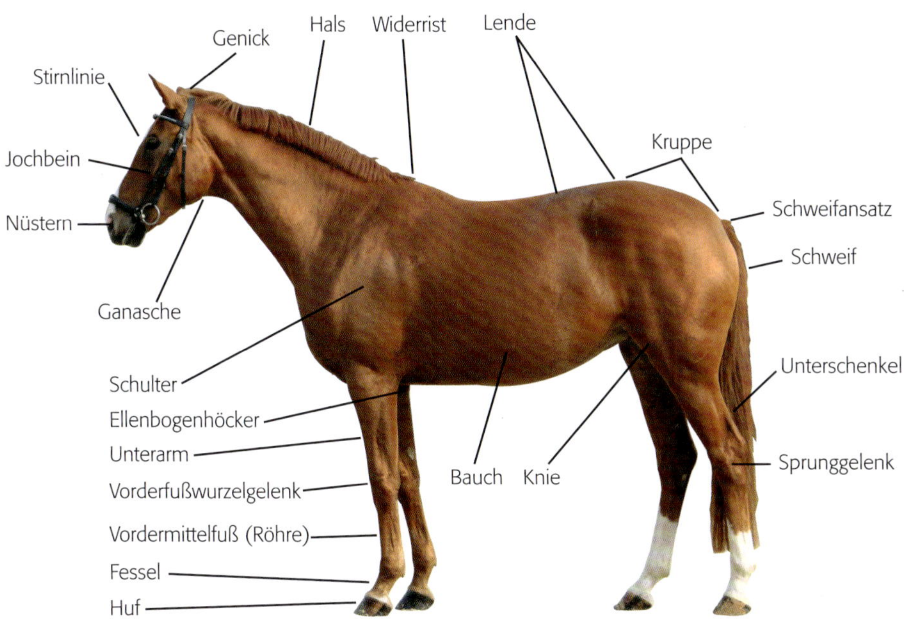

Den Körperbau eines Pferdes nennt der Pferdefachmann das Gebäude. Die Proportionen eines Reitpferdes geben Hinweise, für welche Aufgaben es besonders geeignet ist.

Der Umgang mit Pferden

Wenn wir uns einem Pferd nähern, sprechen wir es mit seinem Namen an. Schon das plötzliche Auftreten eines Reiters im Stall kann es in Schrecken versetzen, wenn es gerade döst. Wir gehen dabei immer von vorne seitlich auf das Pferd zu, da es uns in diesem Blickwinkel am besten wahrnimmt.
Mit ausgestreckter flacher Hand lassen wir es vorsichtig an uns schnuppern, um uns kennenzulernen. Zur Bestechung kann ein Leckerli auf der flachen Hand gereicht werden. So wird das Pferd ganz schnell Vertrauen gewinnen.

Zeige- und Mittelfinger trennen die beiden Zügel voneinander.

Legt das Pferd die Ohren an, dreht uns das Hinterteil zu oder hebt verkrampft einen Hinterfuß, ist Vorsicht geboten! Am besten holen wir uns von einer erfahrenen Person Hilfe.

Das Aufhalftern

Hat das Pferd in der Box Vertrauen gefasst, können wir langsam das Halfter auflegen. Dabei achten wir darauf, ruckartige und hektische Bewegungen zu vermeiden.
Reißt das Pferd den Kopf hoch, kann man, in Höhe der Schulter des Pferdes auf der linken Seite stehend, mit der rechten Hand oberhalb der Nüstern auf dem Nasenrücken den Kopf vorsichtig nach unten weisen. Unsere Geschicklichkeit ist hier gefragt.

Das Führen

Pferde werden immer mit Halfter und einem Strick geführt, der niemals um die Hände gewickelt werden darf, falls es sich erschreckt und losreißen will. Dabei gehen wir auf der linken Seite in Schulterhöhe und halten den Strick ca. 20–30 cm hinter dem Karabinerhaken mit der rechten Hand fest, um dem Pferd leichte Kopfbewegungen beim Gehen zu gestatten. Das Ende des Stricks wird mit der linken Hand festgehalten.
Wird mit Trense geführt, werden die Zügel über den Kopf genommen, um mehr Spielraum zum Pferd zu besitzen. An der Schulterhöhe gehend,

greifen wir mit der rechten Hand unter die beiden Trensenringe und teilen die Zügel mit dem Zeige- und Mittelfinger, damit der Druck auf das Pferdegebiss verringert wird. Das restliche Zügelende wird doppelt eingeschlagen und in der rechten Hand gehalten.
Bei ruhigen Pferden kann man die Zügel beim Führen über dem Hals liegen lassen und diese mit den Fingern teilen. Dabei sollte unser Blick geradeaus gerichtet sein. Ein Anschauen des Pferdes wirkt bremsend und wird in Verbindung mit einer zum Pferd zugedrehten linken Schulter als »Halt« verstanden. In Wendungen führen wir das Pferd immer rechts herum, sodass wir den größeren Bogen laufen müssen.

MEIN TIPP

Will das geführte Pferd nicht in die Wendung, können wir die linke Hand vor den Pferdekopf halten, um es abzubremsen und besser in die gewünschte Bewegungsrichtung zu lenken.

Das Führen auf die Weide

Pferde werden aus dem Stall zur Weide in der Regel mit Halfter und einem Strick geführt. Ihre

Die Reiterin führt ihr Pferd mit Halfter und Strick auf die Weide.

Freude darüber, das lang ersehnte grüne Gras zu fressen und die Freiheit genießen zu dürfen, äußern sie mit Luftsprüngen und/oder schlagen auch gerne mal mit den Hinterbeinen aus. Deshalb drehen wir zu unserer eigenen Sicherheit das Pferd beim Betreten der Weide immer erst in Richtung Ausgang, lassen es eventuell einige Tritte rückwärts gehen und lösen erst dann den Strick von Halfter. So besitzen wir noch genügend Zeit, uns in Sicherheit zu bringen. Hat das Pferd sich dennoch mit Strick am Halfter losgerissen, sollten wir es erst richtig ausbuckeln lassen, ehe wir es einfangen und den Strick entfernen.

Das Anbinden

Pferde werden immer am Halfter mit einem Strick inklusive Panikhaken an vorgesehenen Anbinderingen mithilfe eines speziellen Knotens angebunden.

Dabei darf dass Pferd weder zu lang noch zu kurz angebunden sein, da sonst die Gefahr besteht, dass es sich den Strick über den Kopf zieht oder sich verheddert. In einigen Ställen werden die Pferde links und rechts seitlich am Halfter angebunden, um dieses Problem zu vermeiden. Denn Pferde fühlen sich schnell eingeengt und geraten in Panik. Niemals dürfen Pferde an anderen beweglichen Gegenständen wie Boxentüren, Zaunpfählen oder Ähnlichem angebunden werden. Durch ihre ungeahnten Kräfte können sie beim Losreißen diese »mitnehmen« und alles hinter sich herziehen!

GUT ZU WISSEN

Ein Pferd darf nie an der Trense angebunden werden. Beim Losreißen kann es sich furchtbar verletzen. Auch nicht für eine Minute!

Der Anbindeknoten lässt sich im Notfall schnell durch einen Zug am Ende des Stricks öffnen.

Pferdepflege

In der Natur regeln die Pferde ihre Fellpflege selbst. Durch Wälzen, Schubbern an Baumstämmen und gegenseitiges Fellkraulen wird die Durchblutung der Haut angeregt und von Fliegen und eventuellen Parasiten befreit. Witterungseinflüsse tragen zur natürlichen Säuberung bei.

Die Pflege von Weidepferden

Da das naturbelassene Fell der beste Wetterschutz ist, sollte bei Weidepferden auf das Putzen weitestgehend verzichtet werden. Auch die Mähne und der Schopf dürfen nicht beschnitten werden, damit sie sich gegen Fliegen verteidigen können. Ebenso hat der längere Fesselbehang eine Funktion, da er eventuelle Feuchtigkeit aus den empfindlichen Fesselbeugen fernhält. Wenn wir ein Weidepferd reiten, säubern wir das Fell mit einer groben Wurzelbürste in Fellrichtung, um den gröbsten Schmutz zu beseitigen. So können wir in der Sattellage Druckstellen vermeiden und einem sogenannten Satteldruck vorbeugen.

Die Pflege von Stallpferden

Stallpferde sind dagegen auf unsere Pflege angewiesen. Ohne richtige Pflege fühlt sich kein Pferd wohl und wird für Krankheiten anfällig. Lassen wir uns also hierbei Zeit, denn wir können dabei gegenseitiges Vertrauen aufbauen und uns mit dem Vierbeiner vertraut machen.

Außerdem lassen sich bei der Fellpflege eventuelle äußere Verletzungen und Druckstellen feststellen und wir können diese gleich dem Reitlehrer mitteilen.

Die Pflege vor dem Reiten

Nach Kontaktaufnahme im Stall und Aufhalftern öffnen wir die Boxentür so weit wie möglich, damit das Pferd sich beim Herausführen nicht verletzt. In manchen Ställen werden in der Box die Hufe gesäubert, um die Stallgasse sauber zu halten. Wir führen unser Pferd mit Halfter und Strick zu den Anbindeplätzen und binden es dort an. In der Regel hat jedes Pferd sein eigenes Putzzeug, bestehend aus:

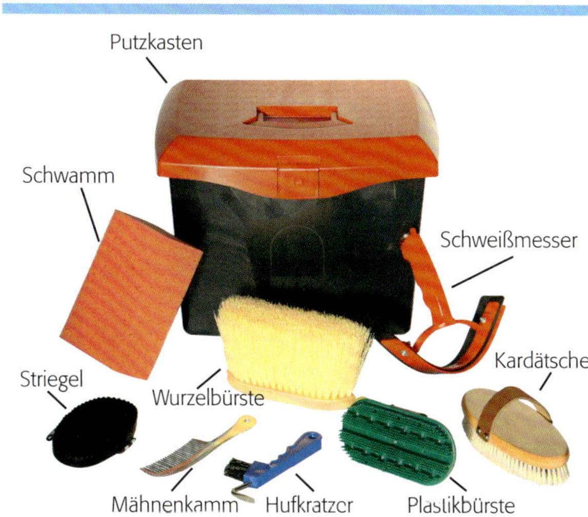

Putzzeug zur Pferdepflege

- Striegel
- Wurzelbürste
- Kardätsche
- Lappen
- Mähnenkamm
- Zwei Schwämmen zum Säubern von Nüstern und After
- Hufkratzer

Huffett und Schweißmesser liegen in den meisten Ställen an einem dafür vorgesehenen Platz, der für alle Reiter zugänglich ist.

Die Hufpflege

Mithilfe eines Hufkratzers werden die Hufe, immer am vorderen Huf auf der linken Seite beginnend, vorsichtig von Mist gereinigt. Sie gehören täglich ausgekratzt, da durch ständigen Mist im Strahl Fäulnisprozesse entstehen. Der Strahl wird weich, übel riechend und in der Mitte entsteht eine tiefe Furche, die bei Berührung sogar schmerzhaft sein kann.

Beim Auskratzen stehen wir auf der Seite des gewünschten hochzuhebenden Hufs mit Blick zur Hinterhand und klopfen mit der dem Pferdekörper zugewandten Hand das Bein am Röhrbein leicht an, um es mit dem Kommando »Fuß« anzuheben.

Damit das Pferd nicht so leicht den Huf wegreißen kann, heben wir den Huf genügend hoch und winkeln die Gelenke entsprechend ab. Im empfindlichen Strahl verwenden wir nur die Hufbürste (meist am Hufkratzer), um Verletzungen zu vermeiden.

Da die Hufe eines Pferdes recht schnell wachsen, müssen Pferde alle 6 bis 8 Wochen zum Schmied, der das Horn kürzt und bei Bedarf neue Hufeisen anbringt.

Durch leichtes Klopfen an das Röhrbein und das Kommando »Fuß« gibt das Pferd willig den Huf.

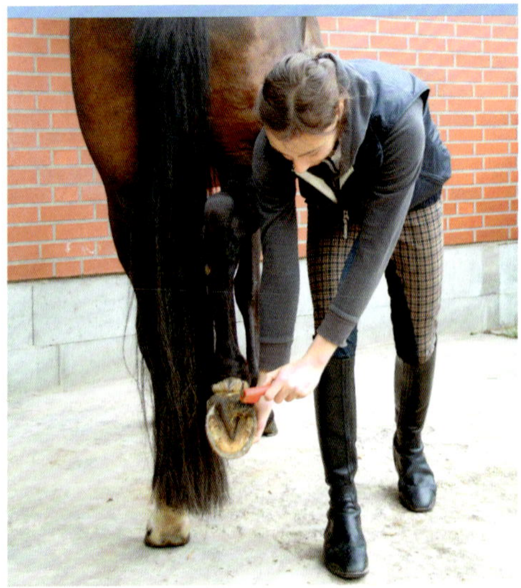

Besondere Vorsicht ist beim Auskratzen der Hinterhufe angesagt, da das Pferd ausschlagen kann.

GUT ZU WISSEN

Glanzsprays dürfen auf keinen Fall das Putzen ersetzen. Pferde bevorzugen die Körpermassage und den freundlichen Umgang mit dem Reiter!

Die Pflege des Deck- und Langhaares

Auf der linken Seite beginnend massiert der Reiter das Pferd vom Hals zur Kruppe mit einem Striegel mit kreisförmigen Bewegungen gegen das Fell. Dabei dürfen Kopf, Beine, Widerrist und Hüftknochen nicht gestriegelt werden, da diese zu hart auf nicht von kräftigen Muskeln geschützte Körperteile wirkt. Für diese Körperteile ist eine Wurzelbürste zu verwenden. Die meisten Pferde genießen die Prozedur und einige zeigen uns durch leichte Verrenkungen, an welchen Stellen die Körpermassage als besonders schön empfunden wird. Nach dem Durchstriegeln nimmt man in die andere Hand die Kardätsche und entfernt mit langen Bewegungen in Fellrichtung den Staub. Dabei reibt man immer wieder die Kardätsche gegen den Striegel, um diese zu säubern. Durch ein Ausklopfen des Striegels auf dem Boden wird auch dieser vom Staub befreit. Bitte nicht an Türen oder Wänden abklopfen – jeder erfreut sich an einer sauberen Stallgasse! Mit einem weichen Tuch wird der restliche Staub abgewischt. Anschließend sind Nüstern und After mit den dafür vorgesehenen Schwämmen zu reinigen. Die Mähne wird mit einem Mähnenkamm gekämmt oder einer Mähnenbürste durchgebürstet. Der Schweif darf aber nicht gekämmt wer-

Mit einer Raspel werden die Hufe vom Hufschmied gekürzt und in Form gebracht.

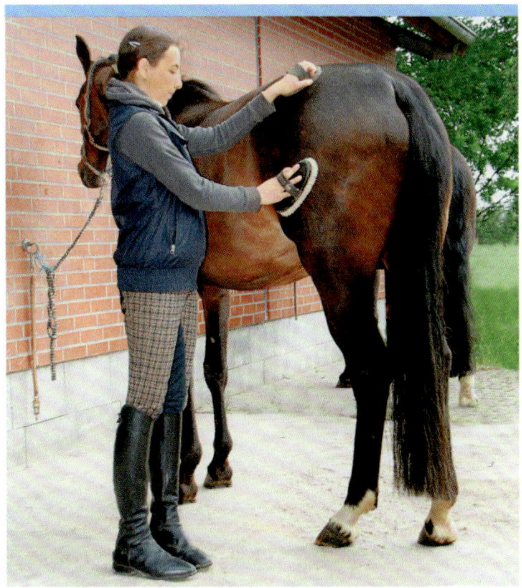

Die meisten Pferde genießen die Körpermassage beim Putzen.

den, da sonst zu viele Haare ausgerissen würden. Er wird von Hand verlesen, indem die einzelnen Strähnen voneinander gelöst werden.

Die Pflege nach dem Reiten

Wenn das Wetter es erlaubt, kann ein Pferd nach der Arbeit mit einem Wasserschlauch abgespritzt werden. Um es an das kühle Nass zu gewöhnen, spritzen wir erst die Beine und dann langsam den Hals und den Rumpf ab. Das Gesicht und die Ohren werden ausgespart. Damit das Fell schneller trocknet, ziehen wir es mit dem Schweißmesser ab und führen das Pferd solange spazieren, bis Rumpf und Hals getrocknet sind. An weniger heißen Tagen können wir die Beine mit einem kalten Wasserstrahl kühlen. Verschwitzte Stellen wie die Sattellage, das Gesicht und zwischen den Hinterschenkeln wischen wir mit einem dafür vorgesehenen Schwamm ab. Bei sehr kaltem Wetter wird nur mit einer Bürste das vom Schweiß verklebte Fell abgebürstet. Nach dem Reiten sind die Hufe auszukratzen und von Zeit zu Zeit Hufsohle und Hufwand mit Huffett einzufetten, um die Hufe geschmeidig zu halten.

Bei entsprechenden Temperaturen ist das Abbrausen mit dem Wasserschlauch eine angenehme Abkühlung.

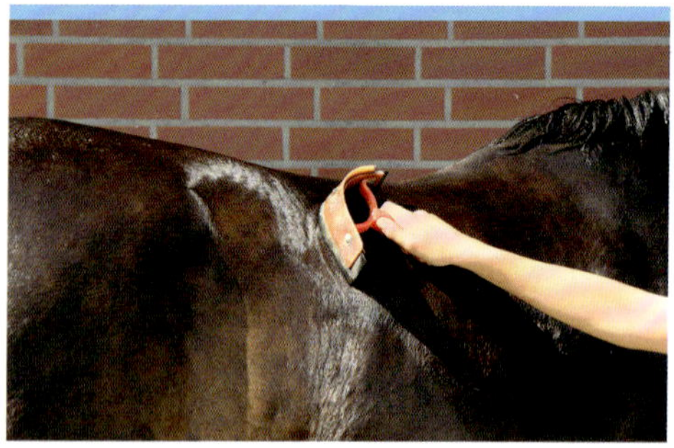

Nach dem Abspritzen wird das Pferd mit einem Schweißmesser abgezogen.

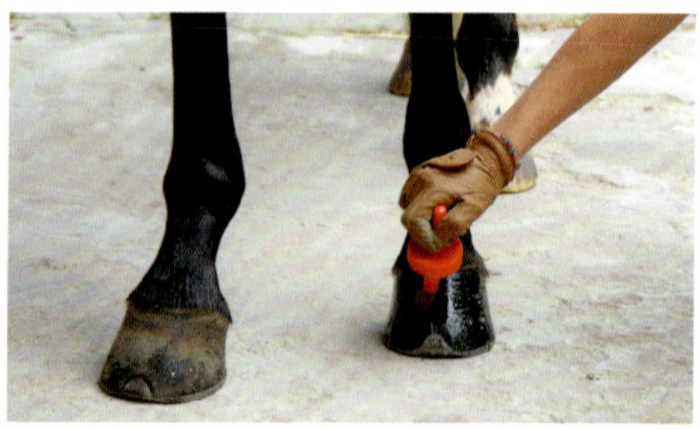

Nach dem Säubern können die Hufe mit speziellem Huffett oder Huföl eingefettet werden.

Haltung und Fütterung

Um den Bedürfnissen eines Pferdes gerecht zu werden, ist auf artgerechte Haltung und Fütterung zu achten.

Haltungsformen

Im Offenstall können die Pferde selbst entscheiden, ob sie sich lieber im Freien oder im Stall aufhalten. Um Krankheiten zu vermeiden, muss ein Offenstall trocken und windgeschützt sein. Bei extremer Nässe sollte ein Teil des Außenbereichs so angelegt sein, dass auch hier im Winter trockene Bodenverhältnisse vorhanden sind. Da die Verletzungsgefahr bei Sportpferden durch Rangkämpfe doch recht hoch ist, kann man auch die Mischform, eine Box mit eigenem Paddock nach draußen, wählen. Hier ist der Auslauf natürlich nicht so weitläufig, aber Sozialkontakt mit dem Nachbarpferd über eine Abtrennung ist möglich. Besteht nur die Möglichkeit der Boxenhaltung, ist darauf zu achten,

Dieses Pferd steht im Offenstall und ist aufgrund einer Fliegenallergie am ganzen Körper eingedeckt.

dass die Box groß, hell, hoch ist und möglichst ein Fenster hat. Pferde sind neugierig und nehmen gern an ihrer Umwelt teil. Ständiger Sichtkontakt zu Artgenossen ist eine weitere Voraussetzung, um den Bedürfnissen gerecht zu werden. Der Stall wird jeden Tag gemistet und mit frischem Stroh eingestreut, um dem Pferd die Möglichkeit zu geben, sich sauber hinlegen zu können und den scharfen Mistgeruch aus der Box zu entfernen. Ist das Heu aufgefressen, kann das Pferd immer noch ein bisschen Stroh knabbern, um seine Langeweile zu vertreiben. Wenn Pferde (meist junge Pferde) in einer größeren Box zusammen gehalten werden, spricht man von einem Laufstall. Er ermöglicht mehr Bewegung und Kontakt zu Artgenossen als die reine Boxenhaltung. Jedoch muss auch hier für genügend Bewegung in Form von Weide, Auslauf oder Training gesorgt werden.

Weidepferde, die den ganzen Sommer Tag und Nacht draußen verbringen, sollten einen Unterstand zur Verfügung haben, der vor Fliegen, Hitze, Wind und Wetter schützt.

Fütterung

Pferde sind fast den ganzen Tag in der Natur mit Fressen beschäftigt. Deshalb ist die Grundregel für Pferde aus einer Stallhaltung: Viele kleine Portionen auf den Tag verteilt füttern, um den Magen-Darm-Trakt nicht zu überlasten. Als Minimum gilt: 3-mal auf den Tag verteilt Kraftfutter und morgens und abends Heu. Dabei ist die entsprechende Futtermenge abhängig von Größe, Alter, Leistung und Haltungsform. Schlechte Futterqualität wie staubiges Heu kann schnell zu Atemerkrankungen führen.

Ein Paddock vor der Box wird zu allen Jahreszeiten gerne genutzt.

Auch schimmlige Futtermittel sollten auf dem Misthaufen landen, da das Pferd sehr anfällig für Darmkrankheiten (Koliken) ist, die im schlimmsten Fall tödlich enden können. Für das Gewohnheitstier sollte die Fütterung immer zu derselben Zeit stattfinden. Eine Stunde vor und kurz nach dem Reiten darf nicht gefüttert werden, da Verdauungseinschränkungen entstehen können (ein voller Magen trainiert nicht gerne). Ist das Pferd krank und hat Boxenruhe vom Tierarzt verordnet, muss das Kraftfutter reduziert werden. Ohne die nötige Bewegung kann der Körper das viele Eiweiß nicht richtig verarbeiten. Extremer Übermut und Hufrehe (Erkrankung an den Vordergliedmaßen) können die Folgen sein.

Eine Faustregel

Als grobe Fütterungsregel gilt: Ein 500 kg schweres Pferd erhält bei mittlerer Arbeit ca. 10 Pfund Hafer, 10 Pfund Heu und Stroh nach Bedarf. Der individuelle Fütterungszustand und die tägliche Leistung des einzelnen Pferdes sind jedoch immer entscheidend für die richtige Futtermenge. Nie dürfen wir geizig mit Heu sein; es ist das natürlichste Futtermittel für Pferde und vertreibt im Stall die Langeweile.

Futtermittel und Nahrungsergänzungen

Futtermittel lassen sich in Kraft-, Saft- und Raufutter einteilen, das die meiste Futtermenge ausmachen sollte. Körner wie Hafer, Mais, Gerste sind Kraftfutter und besitzen einen hohen Energiegehalt. Heu, Stroh, Silage, älteres Gras und Heulage (Anwelksilage) gehören zu Raufutter und zu Saftfutter zählen Möhren, Äpfel und ganz frisches Gras.

Um Vitaminmangel vorzubeugen, kann zusätzlich Mineralfutter gefüttert werden.
Auch die meisten Pellets, sogenanntes Ergänzungsfutter, sind mit Mineralien angereichert und können einen Teil oder ganz den Hafer ersetzen. Weidepferden werden Minerallecksteine oder Ähnliches angeboten, wenn die Wiesen im Sommer und Herbst nicht mehr saftig sind. Besonders mögen Pferde ein extra für sie angefertigtes Müsli, bestehend aus einer Mischung verschiedener Futtermittel. Zum Trinken benötigen Pferde sauberes, frisches Wasser, das in der Regel aus den Selbsttränken fließt. Ansonsten muss man ihnen mindestens zweimal täglich frisches, nicht zu kaltes Wasser aus Eimern anbieten. Immer wieder kommt es vor, dass Pferde in die Tränke oder Krippe misten. Deshalb sind die tägliche Kontrolle und Reinigung von Krippen und Tränken nötig.

Auch ein Innenstall kann offen für Pferde gestaltet werden, sodass Sozialkontakt möglich ist.

Ausrüstung von Reiter und Pferd

Reiterin präsentiert sich mit vollständiger Ausrüstung.

Richtig reiten lässt sich nur mit einer geeigneten Ausrüstung für Reiter und Pferd erlernen.

Die Ausrüstung des Reiters

Zur eigenen Sicherheit ist das Tragen einer festen, bruch- und splittersicheren Reitkappe unumgänglich. Im Schadensfall verweigert die Versicherung jeden Anspruch, wenn die Kappe nicht getragen wurde.
Auch auf Turnieren ist für Jugendliche und Junioren in allen Prüfungen das Tragen einer Kappe Pflicht. Im Springen und bei Prüfungen für junge Pferde ist diese Regel inzwischen auch für Senioren gültig.

Die Reithose

Eine passende Reithose wird in Reitsportgeschäften mit Ledervollbesatz oder nur mit Kniebesatz angeboten. Der Ledervollbesatz hat den Vorteil, im Sattel nicht so sehr zu rutschen, ist aber auch entsprechend teurer. Achten wir darauf, dass die Hose gut passt. Alle Falten können beim Reiten schrecklich drücken.

Die Reitstiefel

Reitstiefel gibt es in Leder oder Gummi. Für den Anfänger reichen Gummistiefel, die weicher als Lederstiefel sind und kein Einlaufen und keine aufwendige Pflege erfordern. Sie sollten nur passen und möglichst bis in die Kniekehle reichen. Von Chaps ist dem Anfänger abzuraten, da diese nicht die gleiche Stabilität im Unterschenkel bieten wie ein Stiefel. So wird es für den Anfänger schwieriger, den Unterschenkel ruhig zu halten.

Handschuhe

Handschuhe sind jedem Reiter zu empfehlen, um Blasen an den Händen von den Lederzügeln zu vermeiden. Schon beim Führen eines Pferdes ist es sinnvoll, diese zu tragen, da ein Pferd besser festgehalten werden kann, wenn es sich losreißen möchte.
Nylonstricke lassen die Haut auf den Handinnenflächen schnell einreißen und verursachen sogar Brandblasen. Die Entscheidung, ob Stoff- oder Lederhandschuhe, hängt von persönlichen Vorlieben ab.

Die Reitgerte

Die Reitgerte darf in der Dressur nicht länger als 1,20 m und im Springen nicht länger als 0,75 m sein. Wir sollten uns nicht gleich die längste kaufen, denn wir müssen auch damit umgehen können. Die Gerte darf auf keinen Fall zu weich sein, weil diese sonst beim Reiten an das Pferd wippt und zu Missverständnissen führen kann.

Für Fortgeschrittene

Erst wenn wir selbst in unserer Ausbildung fortgeschritten sind, wird der Reitlehrer das Tragen von Sporen empfehlen. Dabei sollten wir immer auf die richtige Verschnallung achten (siehe Abbildung Seite 83), um das Pferd nicht ungewollt in den Bauch zu stechen oder eventuell sogar zu verletzten.
In der heutigen Zeit tragen viele Reiter Schutzwesten. Diese sind besonders beim Springen und im Gelände sinnvoll, da Stürze auf den Rücken sehr unangenehm sind und durch die Weste abgemildert werden können.

Die Ausrüstung des Pferdes

Zur Grundausstattung eines Reitpferdes gehören Zaumzeug und Sattel. Zusätzlich kommt diverses Zubehör wie Gamaschen, Bandagen, Hilfszügel etc. je nach Bedarf zum Einsatz.

Der Sattel

Der teuerste Sattel ist nichts wert, wenn er nicht auf das Pferd passt. Denn es können Druckstellen und Verspannungen der Rückenmuskulatur bis zur Lahmheit entstehen. Einige Pferde besitzen am Widerrist viele weiße Haare, die durch Satteldruck entstanden sind und viel Zeit zum Ausheilen benötigten. Der tiefste Punkt auf der Sitzfläche ist die Mitte. Nur so ist es dem Reiter möglich, einen korrekten geschmeidigen Sitz zu erlernen. Bei den Schulpferden in einem ordentlich geführten Reitstall sollte die Ausrüstung stimmen und für jedes Pferd angepasst sein.

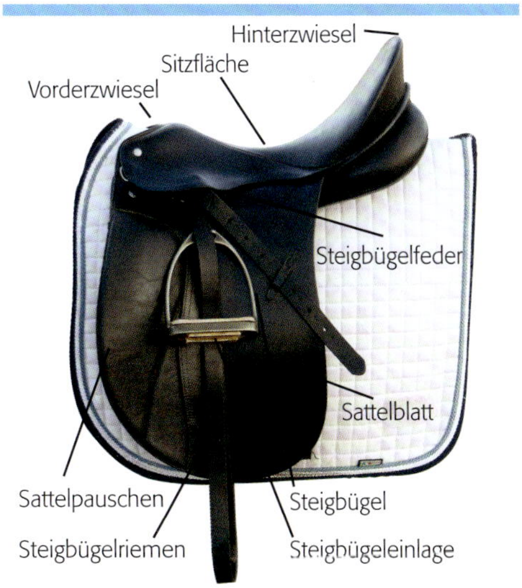

Der Sattel

Für die Langlebigkeit eines Sattels ist eine regelmäßige Pflege des Leders mit Sattelseife oder Lederöl nötig. Die Bügel sind normalerweise groß, breit und schwer, um sie schnell mit der Fußspitze aufzunehmen oder im Notfall schnell rausrutschen zu können. Man denke nur an einen Sturz und seine Folgen, wenn der Reiter nicht schnell genug aus den Bügeln rutschen kann! Sattelgurte gibt es in Leder, Nylon und als Schnürgurte, die alle eine breite Auflage besitzen, um das Pferd nicht am Bauch aufzuscheuern. Eine Satteldecke hält Schweiß vom Sattel fern und muss regelmäßig gewaschen werden.

Für jeden Zweck der richtige Sattel

Anhand der Form des Sattelblatts kann die unterschiedliche Verwendung erkannt werden.

- Der Dressursattel hat ein langes gerades Sattelblatt und ist im Sitz kürzer als der Springsattel. Er soll den Reiter tief ins Pferd setzen und ein gestrecktes Bein erleichtern.
- Der Springsattel besitzt weit nach vorn geformte Sattelblätter und dicke Pauschen, die dem Reiter genügend Halt beim Springen geben.
- Der Vielseitigkeitssattel ist die Zwischenform und für alle Disziplinen geeignet. Auch für den Anfänger ist er der beste Sattel, um Grundkenntnisse in Dressur, Springen und Gelände zu erwerben.
- Für Kinder gibt es spezielle Kindersättel, die in der Sitzfläche deutlich kleiner sind.

Das Zaumzeug

Es besteht in der Regel aus einer Trense mit Zügeln und Gebiss und einem Reithalfter. Das Gebiss liegt über der Zunge und wirkt auf beide Kinnladen.

Das Gebiss

Man unterscheidet zwischen einfach gebrochenen und doppelt gebrochenen Gebissen, die

Das kombinierte Reithalfter

Das Hannoversche Reithalfter

weicher für das empfindliche Pferdemaul sind. Ebenso sind dickere Gebisse nicht so scharf wie dünne Mundstücke.
Egal, mit welcher Art von Gebiss wir reiten – es ist wichtig, dass das Gebiss die richtige Größe hat und dem Pferd nicht in den Maulwinkeln klemmt. Dabei wird so verschnallt, dass ca. zwei Falten in der oberen Maulspalte nach dem Auftrensen zu sehen sind. Nur ein richtig verschnalltes Gebiss nimmt das Pferd zufrieden an.

Das Reithalfter

Ein Reithalfter verhindert das Aufsperren des Mauls und somit ein Entziehen der Zügelhilfen. Das Hannoversche Reithalfter liegt etwa vier Fingerbreit oberhalb des Nüsternrandes auf dem Nasenrücken. Der Nasenriemen darf nicht zu eng geschnallt werden und die Atmung behindern.
Als Alternative wird unter anderen oft das kombinierte Reithalfter verwendet. Es liegt ca. ein Fingerbreit unter dem Jochbein. Hier ist der Sperrriemen am Reithalfter mit einer kleinen Schlaufe auf dem Nasenrücken befestigt und wird unterhalb des Trensengebisses am Unterkiefer geschlossen. Mindestens zwei Finger sollten zwischen Sperrriemen und Kinngrube passen, damit die Kautätigkeit des Pferdes und die Atmung nicht behindert werden.

Das Zubehör

Um die Pferdebeine vor Verletzungen zu schützen, werden entweder Gamaschen oder Bandaschen angelegt. Einfacher in der Handhabung sind Gamaschen, die genauso sicher die Pferdebeine vor Verletzungen schützen und mit einem einfachen Klettverschluss zu schließen sind. Dagegen müssen Bandagen fest, aber nicht zu fest, gleichmäßig und faltenfrei angebracht werden. Da diese schnell rutschen können, darf nur der erfahrene Reiter diese als Schutz für die Pferdebeine verwenden.

GUT ZU WISSEN

Mithilfe von Hilfszügeln lassen sich Pferde besser in eine bestimmte konstante Kopf-/Halshaltung bringen, die dem Anfänger das Reiten erleichtert und die noch fehlende Einwirkung ausgleicht.
Der gute Reiter benötigt diese nicht, da er durch korrekte Einwirkung das Pferd in die entsprechende Haltung bringen kann. Die am meisten gebrauchten Hilfszügel in der Grundausbildung eines Reiters sind: Ausbinder, Dreieckzügel, Stoßzügel und das Ringmartingal (siehe Abb. S. 85).

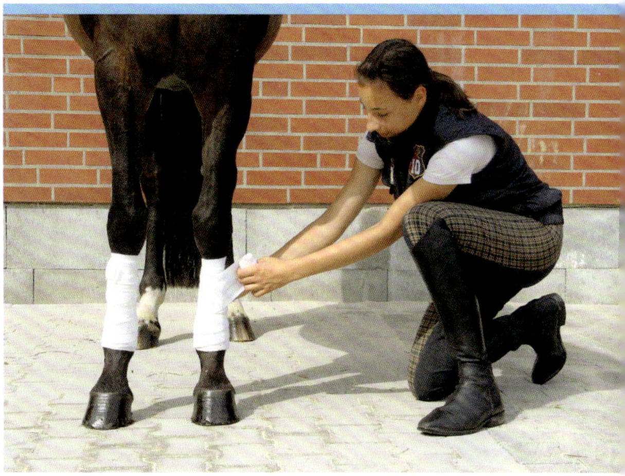

Weiße Bandagen werden neben dem Schutz der Pferdebeine auch gerne aus optischen Gründen angebracht.

Vorbereitung zum Reiten

Aus Sicherheitsgründen sollte das Pferd beim Aufsatteln immer angebunden sein oder von einem Helfer festgehalten werden. Viele Pferde mögen das Satteln nicht, weil manche Reiter den Sattel gefühllos mit Schwung auf den Rücken des Pferdes werfen oder den Gurt gleich zu fest um den Bauch anziehen. Deshalb ist gerade bei unbekannten Pferden Vorsicht beim Aufsatteln geboten.

Das Satteln

1 Nachdem wir das Pferd angesprochen haben, heben wir den Sattel von der linken Seite vorsichtig hinter den Widerrist auf den Pferderücken. Dabei wird er etwas nach hinten in Fellrichtung geschoben.

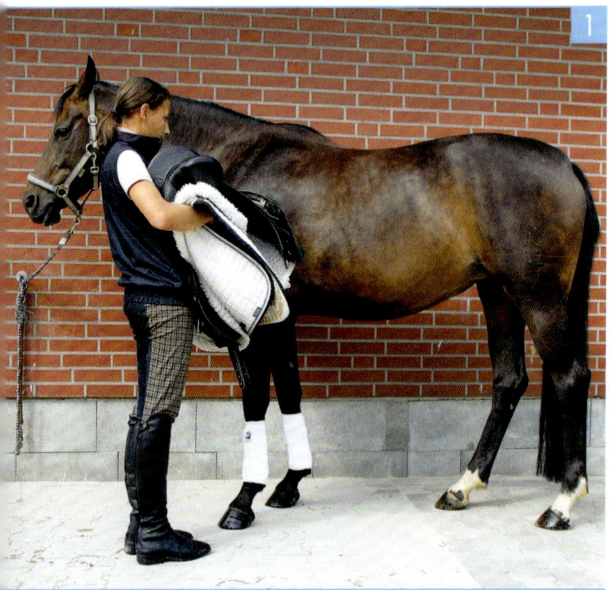

2 Die Satteldecke wird auf Falten kontrolliert und am Widerrist etwas angehoben, um Druckstellen zu vermeiden.

Anschließend gehen wir auf die andere Seite des Pferdes und überprüfen auch hier die Satteldecke und lassen den Gurt vorsichtig herab, ohne ihn an die Pferdebeine zu schlagen. Denn das Metallendstück kann sehr schmerzhaft sein.

3 Dann wechseln wir wieder die Seite und befestigen vorsichtig den Gurt an den dafür vorgesehenen Gurtstrippen.

4 Die richtige Lage des Sattels erkennen wir beim Angurten, da der Gurt ca. eine Handbreit hinter dem Ellenbogengelenk des Pferdes verlaufen sollte.

Bitte am Anfang nur so fest angurten, dass der Sattel beim Führen nicht rutscht. Sonst kann das Pferd sich eingezwängt fühlen und mit Schlagen, Beißen oder sogar Bocken reagieren. Das Verhalten wird Sattelzwang genannt und ist einzig und allein auf zu festes Gurten zurückzuführen. Ist das Pferd einige Meter gelaufen, kann schon das erste Nachgurten erfolgen. Nicht erschrecken, wie locker nach dem ersten Anführen oft der Gurt geworden ist. Viele Pferde haben durch das schnelle Angurten gelernt, sich »aufzublasen«, und vergrößern so ihren Bauchumfang um etliche Zentimeter.

2

3

4

Das Aufzäumen

Steht das Pferd frei in der Box, wird zuerst aufgetrenst und anschließend gesattelt. Auf diese Weise hat der Reiter mehr Einfluss, da das Pferd sich nicht so schnell entziehen und zur Seite wegdrehen kann.
Sind die Pferde auf der Stallgasse angebunden, wird zuerst gesattelt.

1

Wir stellen uns auf die linke Seite des Pferdes und halten in der linken Hand die Trense. Dann legen wir die Zügel über den Hals und nehmen anschließend das Stallhalfter ab. So steht das Pferd nicht ganz frei. Im Stall können wir auch die Boxentür schließen, wenn wir unsicher sind.

1 Unsere rechte Hand umfasst den Pferdekopf an der Stirnlinie, um ihn zu fixieren. Anschließend übernimmt die rechte Hand die geordnete Trense.

2 Mit der nun freien linken Hand wird das Gebiss vor das Maul geführt. Mit dem Daumen öffnen wir vorsichtig an der Seite die Maulspalte und schieben das Gebiss ins Maul.

3 Die rechte Hand zieht die Trense nach oben und streift das Genickstück einzeln über die Ohren. Dabei kann die freie linke Hand helfen.

4 Anschließend wird der Schopf über den Stirnriemen gelegt und die Mähne am Genick sortiert.

5 Reithalfter, Kehl- und Nasenriemen werden geschlossen.

Für den Anfänger ist das Auftrensen oft nicht ganz einfach, denn gerade Schulpferde wissen genau, wie man durch Kopfhochreißen und Nichtöffnen des Mauls sich der anstehenden Arbeit entziehen kann.
Oft hilft ein kleines Leckerli, um den Kopf des Pferdes nach unten zu locken und das Maul zum Aufmachen zu bringen. Immer daran denken: Die meisten Pferde sind bestechlich.

2

3

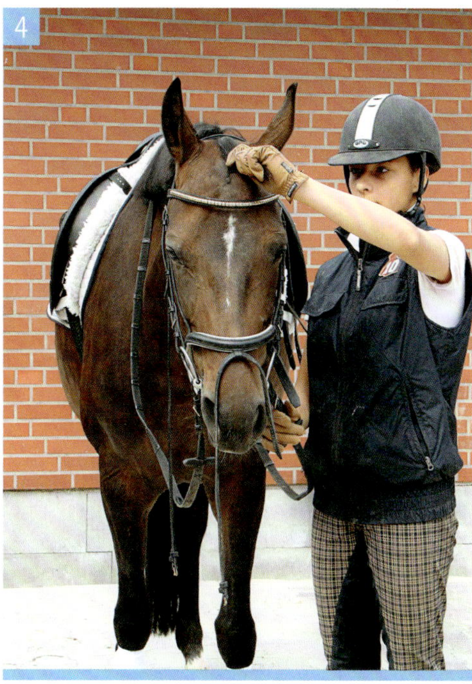
4

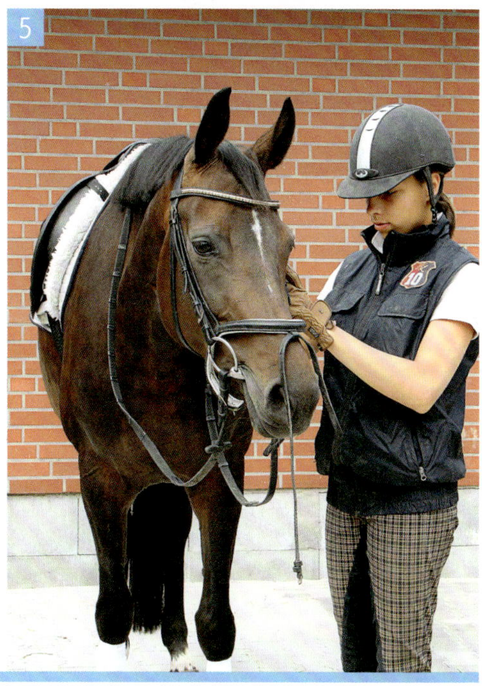
5

Das Aufsitzen

Das Aufsitzen (siehe Bildserie 1–6) erfolgt immer auf der Mittellinie der Reitbahn, um die anderen Reiter nicht zu stören. Dabei sollten wir peinlichst darauf achten, dass unser Pferd nach dem Aufsitzen erst angeht, wenn wir es wünschen.

1 Bevor wir aufsitzen, gurten wir noch einmal nach und stellen unsere Bügellänge ein. Als Maß gilt ungefähr unsere Armlänge. Die Länge des Bügels sollte vom Mittelfinger unserer Hand bis zur Achselhöhle mit der Länge des Steigbügelriemens inklusive des Steigbügels identisch sein.

MEIN TIPP

In vielen Ställen wird inzwischen von einem Hocker oder einer Aufsteighilfe aufgesessen. Wer sich dieser Methode bedient, ist weder unsportlich noch faul, da sowohl der Rücken des Pferdes als auch der des Reiters geschont werden.

Bei allen Einstellungen sollten die Zügel auf dem Hals des Pferdes liegen und aus Sicherheitsgründen immer ein Arm durch den Zügel gesteckt sein.
Alternativ kann natürlich auch ein Helfer oder eine Helferin das Pferd festhalten, denn: das Pferd kann sich immer erschrecken und sich losreißen. Wir würden uns und andere in Gefahr bringen. Ist noch einmal alles auf Richtigkeit kontrolliert, der Steigbügel auch auf der anderen Seite heruntergelassen, kann aufgesessen werden. Das Aufsitzen erfolgt immer von der linken Seite.

So kommen wir aufs Pferd

2 Nehmen wir nun mit der linken Hand die Zügel auf und stellen uns mit dem Rücken zur Laufrichtung des Pferdes.

3 Die rechte Hand ergreift den Bügel, und der linke Fuß wird in den Steigbügel gestellt.

4 Zum Hochziehen wird sich mit der linken Hand an dem Vorderzwiesel oder der Mähne und mit der rechten Hand am Hinterzwiesel festgehalten.

5 Wir stoßen uns mit dem rechten Fuß ab und achten peinlichst darauf, nicht mit unserer Fußspitze das Pferd im Bauch oder mit dem rechten Bein auf der Kruppe zu berühren. Es könnte sich erschrecken und davoneilen.
Bevor wir das rechte Bein langsam über die Kruppe schwingen, führen wir auch die rechte Hand zum Vorderzwiesel.

6 Beide Hände wirken jetzt abstützend und ein leicht nach vorne geneigter Oberkörper ermöglicht uns ein weiches Einsitzen in den Sattel. Das Pferd wird dankbar sein, denn ein plötzlich in den Rücken plumpsender »Sandsack« ist natürlich äußerst unangenehm. Ist der Sattel durch unser Eigengewicht zur Seite gerutscht, kann man ihn durch eigene Gewichtsverlagerung wieder mittig auf den Pferderücken positionieren.

3

4

5

6

Nachgurten auf dem Pferd

Nun können wir uns noch einmal sortieren, eventuell von oben zum wiederholten Male nachgurten und die Bügel, falls doch nicht passend, auf das richtige Maß einstellen.
Das mehrfache Gurten ist fast immer nötig, auch wenn Ihr Pferd nicht zu denen gehört, die beim Aufsatteln den Bauch aufblasen. Ein weiteres Nachgurten kann nach einigen Runden Schritt bei aufgenommenen Zügeln erfolgen.

1 Dafür schlagen wir das linke Bein vor das Sattelblatt und ziehen mit der linken Hand die einzelnen Gurtstrippen nach.

Das Absitzen

Auch hier wird das Pferd ordnungsgemäß auf die Mittelinie gestellt. Bei leicht aufgenommenen Zügeln nehmen wir beide Füße aus den Steigbügeln, stützen uns mit beiden Händen am Vorderzwiesel ab, schwingen das rechte Bein über die Kruppe und gleiten zu Boden. Sitzen wir nicht zu schwungvoll ab, sonst verlieren wir leicht die Balance.

2 Abgestiegen wird immer auf der linken Seite des Pferdes. Vergessen wir nie, zum Schluss unser Pferd für die getane Arbeit zu loben.

Reiten in der Reithalle

In der Regel findet der Anfängerunterricht aus Sicherheitsgründen in der Reithalle statt. Haben wir an der Longe die Balance und eine Grundstabilität im Sitz auf dem Pferd erlernt (siehe dazu auch S. 70 ff.), ist der Zeitpunkt des eigenständigen Reitens gekommen.

In der Abteilung

Meist lässt der Reitlehrer seine unerfahrenen Schüler in einer Abteilung hintereinander reiten, da dies wesentlich einfacher ist.
Als Herdentiere folgen die Pferde gerne dem Vorderpferd, sodass es für einen Anfänger eher schwieriger ist, sich von der Abteilung zu entfernen, als den anderen Pferden zu folgen. Gerade Schulpferde, die oft in der Abteilung geritten werden, »kleben« gerne an ihren Artgenossen.

Die Aufteilung des Vierecks

- Das Viereck (meistens 20 × 40 m) ist durch eine Bande abgegrenzt. Bei Turnieren werden Dressurprüfungen schwererer Klassen sogar auf einem Viereck mit den Maßen 20 × 60 m geritten.
- Die Bande ist meist aus Holz und verringert eventuelle Verletzungen von Pferd und Reiter beim Gegenschlagen.
- Direkt daneben befindet sich der Hufschlag. Oft als kleiner Trampelpfad zu erkennen, weil hier jeder mit seinem Pferd entlangreitet.
- »Innen« ist die zum Bahninneren zugewandte Seite. »Außen« ist die zur Bande zugewandte Seite.
- »Rechte Hand reiten« bedeutet in Richtung Uhrzeigersinn zu reiten. »Linke Hand« gegen den Uhrzeigersinn – das heißt, die linke Hand zeigt ins Bahninnere.
- Um sich auf dem Viereck zurechtzufinden, sind Buchstaben und Markierungspunkte angebracht. Diese müssen auf jedem Viereck gleich sein.
- Die Punkte M, F, K, H sind Wechselpunkte und jeweils 6 m von der Ecke entfernt.
- Die 6 Kreise sind Zirkelpunkte, der 7. Zirkelpunkt ist unsichtbar und genau in der Mitte und wird X genannt. Die Zirkelpunkte an der langen Seite liegen jeweils im Abstand von 10 Metern zur Ecke.

Pferde sind in der Regel weniger abgelenkt und ruhiger, wenn sie in der Reithalle geritten werden.

- Die Punkte A und C kennzeichnen die Mitte der kurzen Seite. Die Punkte E und B befinden sich an der Mitte der langen Seite (halbe Bahnpunkte).

Wichtige Bahnfiguren

Bahnfiguren, auch Hufschlagfiguren genannt, sind festgelegte Linien, die mithilfe der Bahnpunkte genauer beschrieben werden können. Je genauer die Linien eingehalten werden, umso besser wird die einzelne Hufschlagfigur ausgeführt.
Die wichtigsten Bahnfiguren werden im Folgenden näher erläutert.

Ganze Bahn

Ist die einfachste Hufschlagfigur und bedeutet »einfach« auf dem Hufschlag an der Bande entlangzureiten. Dabei dürfen wir nicht die Ecken abkürzen, sondern müssen diese genügend tief ausreiten.

Durch die ganze Bahn wechseln

Es ist die einfachste Form, einen Handwechsel durchzuführen. Egal auf welcher Hand wir uns befinden, reiten wir immer nach Durchreiten der zweiten Ecke der kurzen Seite auf die Diagonale des Vierecks zu dem Wechselpunkt vor der Ecke. Die Diagonalen werden auch Wechsellinien genannt. Es gibt die Diagonale M–X–K und K–X–M und F–X–H und H–X–F.

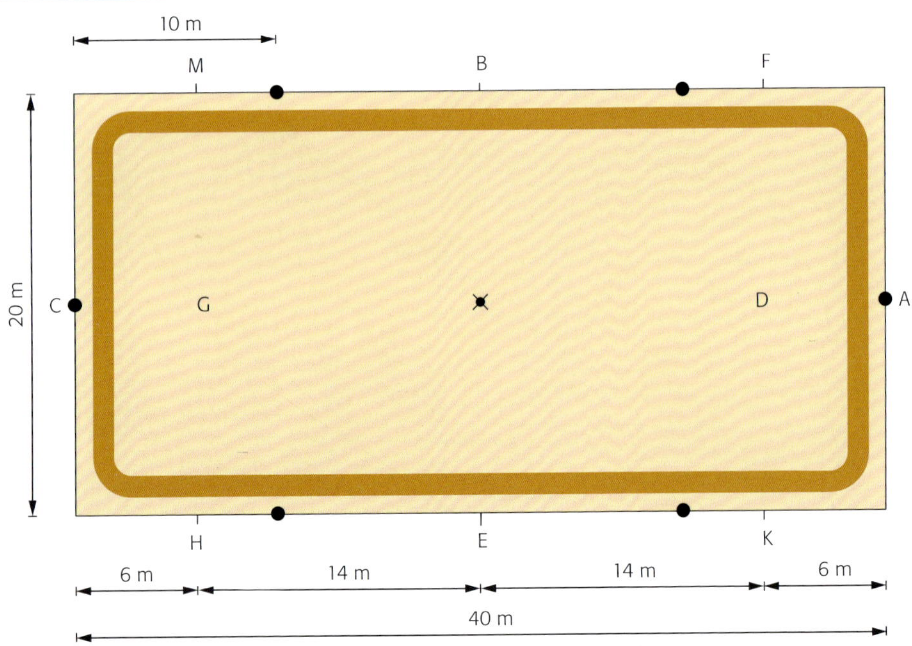

Die Reitbahn mit Bahnpunkten und der Hufschlagfigur Ganze Bahn

Durch die halbe Bahn wechseln

Auch diese Lektion führt immer zu einem Handwechsel und kann auf beiden Händen ausgeführt werden. Es wird nach dem Durchreiten der zweiten Ecke der kurzen Seite vom Wechselpunkt im steilen Winkel zur Mitte der langen Seite (E oder B) geritten.
Dabei gibt es folgende Möglichkeiten der Ausführung: M–E oder H–B oder K–B und F–E.
Diese Hufschlagfigur ist schon etwas anspruchsvoller, da das Abwenden vom Hufschlag wesentlich steiler erfolgt.

Durch die Länge der Bahn wechseln

Um durch die Länge der Bahn zu wechseln, wendet der Reiter Mitte der kurzen Seite, also bei A oder C, ab und reitet schnurgerade weiter durch den Punkt X auf die Mitte der gegenüberliegenden kurzen Seite. Dort angekommen, biegt er auf die andere Hand ab.
Beim Wechseln durch die Länge der Bahn ist es wichtig, die sogenannte Mittellinie zu treffen und geradeaus und keine kleinen Schlangenlinien zu reiten.
Es gibt auch das Kommando: Durch die Länge der Bahn geritten.
Im Prinzip ist die Linienführung die gleiche, jedoch wird kein Handwechsel durchgeführt. Man wendet kurz vor der entgegenkommenden kurzen Seite wieder auf die gleiche Hand ab, reitet also in derselben Richtung weiter, wie zuvor.

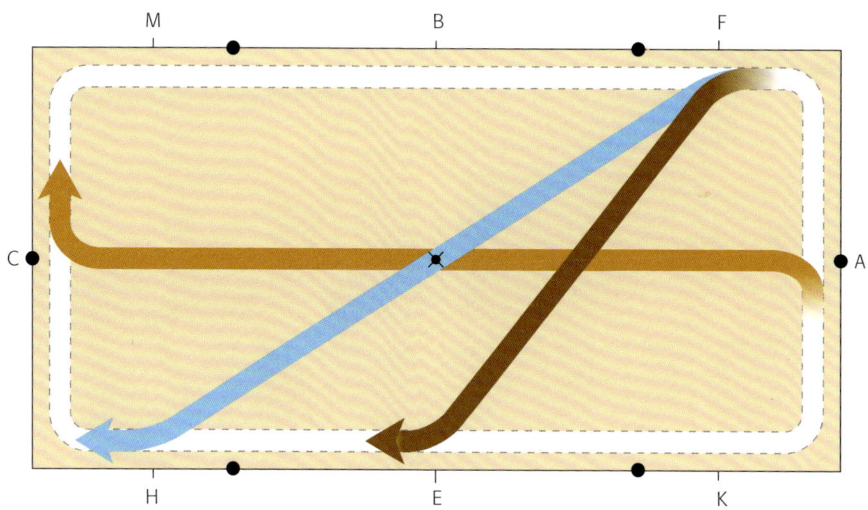

A–C: Durch die Länge der Bahn wechseln
F–H: Durch die ganze Bahn wechseln
F–E: Durch die halbe Bahn wechseln

Auf dem Zirkel geritten

Der Zirkel ist ein Kreis mit einem Durchmesser von 20 m und berührt die Bande an den Zirkelpunkten, dem Punkt X in der Mitte der Bahn und einem Punkt Mitte der kurzen Seiten A oder C. Das Pferd darf den Kreis nicht einfach an der offenen Seite abkürzen, sondern die Zirkellinie ist bis zum Punkt X auszureiten. Da jeder Zirkel rund ist, dürfen die Ecken natürlich nicht ausgeritten werden.

Aus dem Zirkel wechseln

Diese Hufschlagfigur führt automatisch wieder zu einem Handwechsel.
Nachdem ein Zirkel einmal ganz herum geritten wurde, reitet man beim Punkt X eine Pferdelänge geradeaus und wechselt dann auf den anderen Zirkel.

Durch den Zirkel wechseln

Dies ist schon eine recht anspruchsvolle Lektion, da die Wendungen für das Pferd recht eng sind. Der Reiter wechselt die Hand, bleibt dabei aber auf dem gleichen Zirkel. Es wird immer von der offenen Zirkelseite zur geschlossenen Seite gewechselt. Nach der ersten halben Volte reiten wir auf der Mittellinie geradeaus, um anschließend die zweite halbe Volte, die auf dem Hufschlag endet, zu reiten.

Volten/Kehrvolten

Volten sind kleine Kreise, die entsprechend dem Ausbildungsstand des Reiters und des Pferdes unterschiedliche Durchmesser besitzen. So werden im Anfängerbereich auf Turnieren

MEIN RAT

Mit der Eselsbrücke, ausgehend vom Bahnpunkt M: *»Mein bester Freund Anton kann einen heben, Cheerio!«* behält man die Punkte leichter.

Gleichzeitig auf das Kommando des Reitlehrers wenden die Reitschüler zur Volte ab.

Abteilung mit gleichmäßigen Abständen zum Vordermann, die gerade durch die Bahn wechselt.

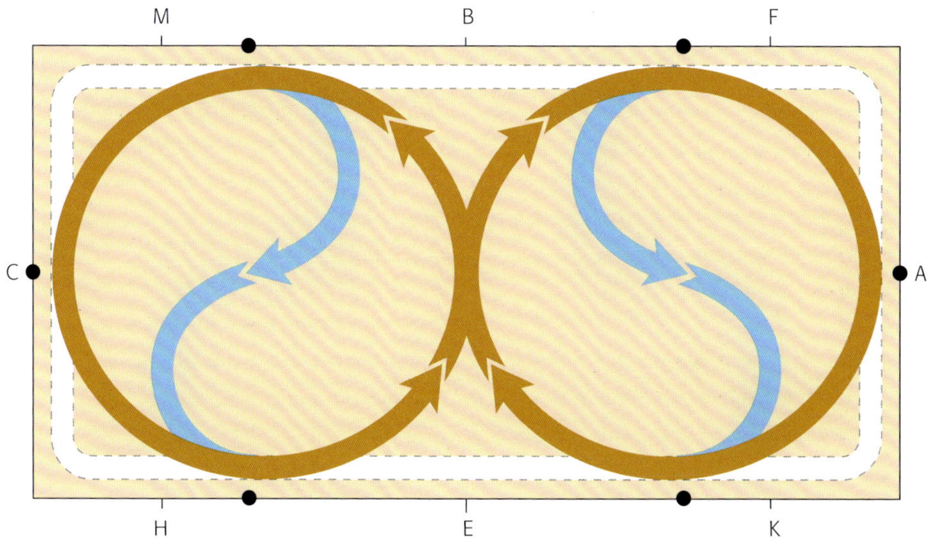

Aus dem Zirkel/durch den Zirkel wechseln

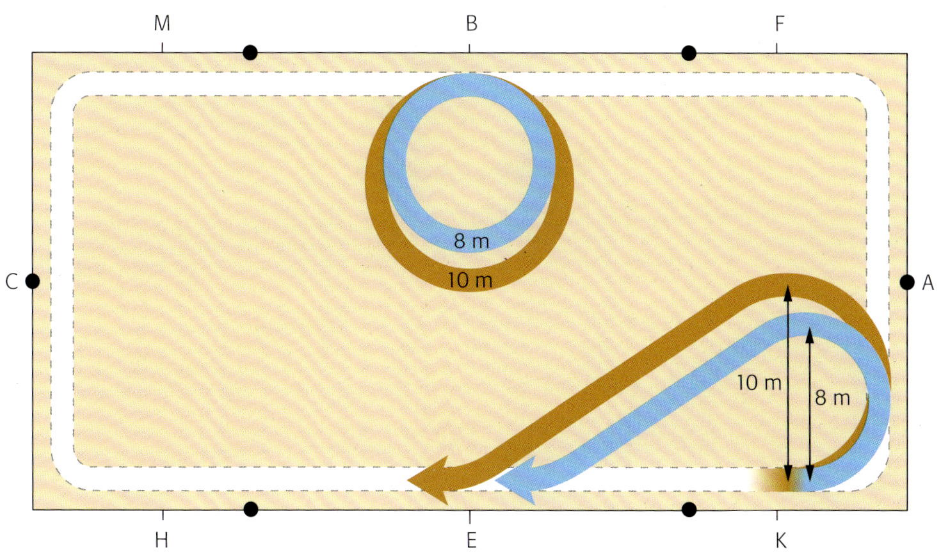

Volten und Kehrvolten

Volten mit einen Durchmesser von 10 m verlangt und in schwereren Prüfungen ein Durchmesser von 8 oder sogar 6 m. Dabei können Volten überall geritten werden. Wenn eine Volte nicht auf der gleichen Hand endet, spricht man von Kehrvolten. Damit Volten gelingen, müssen sie gleichmäßig rund ausgeformt sein und dürfen nicht die Form von »Ostereiern« besitzen.

Einfache/doppelte Schlangenlinien

Die einfache und die doppelte Schlangenlinie werden immer an den langen Seiten angelegt. Bei der einfachen Schlangenlinie wendet der Reiter am ersten Wechselpunkt nach der Ecke ab und reitet in einem kleinen Bogen 5 m ins Bahninnere. Mitte der langen Seite reitet er dann wieder nach außen auf den zweiten Wechselpunkt der langen Seite.

Bei der doppelten Schlangenlinie sind es zwei kleinere Bögen, die auch nur 2,50 m entfernt zur Bande geritten werden. Die Anforderungen an Pferd und Reiter sind wesentlich größer, da die Wendungen deutlich enger sind. Bei der Schlangenlinie durch die Bahn (Beispiel 3 Bögen) verlaufen die Bögen durch die Bahn. In diesem Fall werden drei gleichförmige Bögen angelegt, wobei automatisch zwischen den Bögen die Hand gewechselt wird. Die Lektion beginnt nicht erst beim Abwenden vom Hufschlag, sondern Mitte der kurzen Seite und endet auch auf der gegenüberliegenden Seite an der Mitte. Auch diese Übung zählt schon zu den schwierigeren, da die Reiter ohne Anlehnung an die Bande ihre Pferde geradeaus reiten und immer wieder auf die neue Hand einstellen müssen.

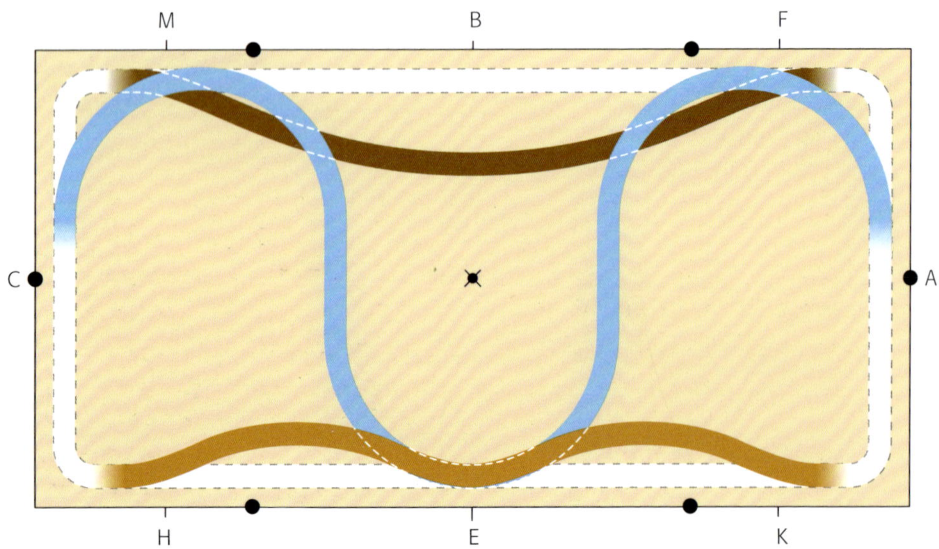

Einfache (oben), doppelte (unten) und Schlangenlinien durch die Bahn (Mitte, 3 Bögen)

Die Bahnregeln

Auf dem Reitplatz gelten ganz bestimmte Verhaltensregeln, die gewährleisten, dass mehrere Reiter gleichzeitig auf dem Viereck trainieren können, ohne sich gegenseitig zu behindern. Die Regeln dienen der Sicherheit für Reiter und Pferd.

- Vor Betreten der Reitbahn rufen wir immer: »Tür frei«, um vorbeireitende Reiter nicht zu stören oder sogar mit ihnen zusammenzustoßen. Erst nach der Antwort: »Ist frei« kann der Außenstehende die Halle oder das Reitviereck betreten.

- Ein Aufsitzen oder Absitzen erfolgt immer auf der Mittellinie oder in der Mitte eines Zirkels.

- Ein Sicherheitsabstand von 3 Schritten (ca. 2,50 m) ist gegenüber anderen Pferden einzuhalten.

- Wer Schritt reitet, lässt den Hufschlag frei für Reiter, die traben und galoppieren.

- Reiter, die auf dem Zirkel reiten, geben Reitern, die ganze Bahn reiten, den Vortritt. (Ganze Bahn vor Zirkel). Dieser Grundsatz gilt auch beim Reiten auf zwei Händen.

- Beim gleichzeitigen Reiten auf zwei Händen hat derjenige Vorfahrt, der auf der linken Hand reitet. Der Reiter, der rechtsherum reitet, weicht immer ins Innere der Bahn aus. Es wird immer rechts aneinander vorbei geritten.

- Auch zu entgegenkommenden Pferden halten wir genügend Abstand. Einige Pferde fühlen sich durch das enge Aneinander-vorbei-Reiten schnell bedroht oder fühlen sich eingeengt und haben Platzangst.

- Sind viele Reiter gleichzeitig in der Bahn, ist es besser, auf einer Hand zu reiten, um nicht ständig ausweichen zu müssen. Dann ruft ein Reiter ca. alle 5 Minuten zu den anderen Reitern in der Bahn: »Bitte Handwechsel.« Alle anderen Reiter müssen unverzüglich die Hand wechseln, sodass sich anschließend wieder alle auf der gleichen Hand befinden.

- Wer zum Springen ein Hindernis in die Bahn räumt, hat nach Gebrauch den Sprung wieder abzubauen.

- Bleibt ein Reiter auf dem Hufschlag stehen, um zum Beispiel seine Jacke auszuziehen, ist dies mit »Bitte Hufschlag frei« laut zu verkünden.

- Das Longieren in den Reithallen wird sehr unterschiedlich gehandhabt. Viele stört es, wenn ein Pferd an der Longe plötzlich losbuckelt und eventuell das andere Pferd ansteckt. Am besten fragen wir, ob ein Longieren die anderen Reiter stört.

- Rücksicht nehmen wir natürlich auf Schwächere. Das sind Reitanfänger und Reiter mit jungen Pferden, die noch nicht sicher dem Reiterwillen folgen. Nach Absprache sollten wir dieser Personengruppe auf beiden Händen den Hufschlag zur Verfügung stellen.

Die Grundlagen des Reitens

Die meisten Reiter streben eine harmonische Beziehung mit dem Pferd an und wünschen sich einen willigen, gehorsamen und zuverlässigen Freizeitpartner.

Der Sitz als Grundvoraussetzung richtigen Reitens

Ganz egal, ob wir lieber Dressur, Springen oder nur ins Gelände reiten, Turnierambitionen besitzen oder unsere Freizeit einfach mit dem Pferd verbringen möchten: Die Grundvoraussetzung für richtiges Reiten ist immer ein vom Zügel unabhängiger korrekter Sitz und ein losgelassenes Mitschwingen in den Bewegungsablauf. Nur so kann unser Pferd ungestört seine Bewegungen entfalten und sich unter uns wohlfühlen.

Gelöst und in Harmonie

Grundlage für eine Harmonie und eine feine Kommunikation zwischen Reiter und Pferd ist ein ausbalancierter und losgelassener Sitz. Mit dessen Hilfe können wir uns in jeder Situation den Bewegungen des Pferdes anpassen und unseren eigenen Schwerpunkt mit dem des Pferdes in Übereinstimmung bringen.

Dabei muss der Reiter, ohne sich an den Zügeln festzuhalten, in der Lage sein, sein Gleichgewicht auf dem Pferderücken zu halten und durch gezielte Gewichtsverlagerungen die Bewegungen des Pferdes beeinflussen zu können. Unruhige Hände, ein klapperndes Gesäß, klopfende Schenkel machen es dem Pferd unmöglich, sich loszulassen, und verhindern die gewünschte harmonische Einheit.

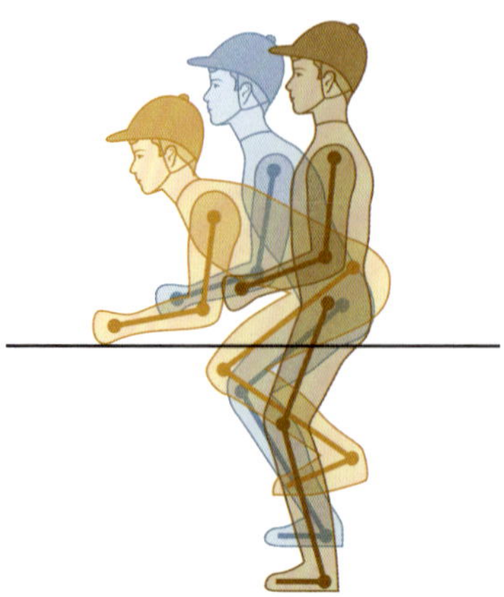

Dressursitz (dunkelbraun), Springsitz (blau) und Rennsitz (hellbraun)

An der Longe erlernen

Der ausbalancierte losgelassene Sitz ist die Grundvoraussetzung für eine korrekte Einwirkung und Hilfengebung auf unser Pferd. Dabei sollte uns bewusst sein, dass der korrekte Grundsitz keine stereotype Sitzform ist, sondern rein aus funktionalen Gründen seine Berechtigung besitzt. An der Longe lernt der Anfänger durch bestimmte Sitzübungen am schnellsten, seine Balance auf dem Pferd zu halten, da er sich ganz auf seinen Körper und sein Gefühl konzentrieren kann.

Je gefestigter sein Grundsitz erarbeitet wurde, umso weniger Probleme werden später beim selbstständigen Reiten auftreten.

Die unterschiedlichen Sitzarten

Je nach Sparte werden folgende Sitzarten in der Reiterei unterschieden:

- Dressursitz (Grundsitz)
- Leichter Sitz (Springen und Gelände)
- Rennsitz (Sitz mit größter Entlastung des Pferderückens)

Mithilfe des Dressursitzes wird das Pferd veranlasst, seinen Schwerpunkt vermehrt nach hinten zu verlagern und seine Last auf der Vorhand zu verringern. Der Reiter hat sein Gesäß fest am Sattel und der Pferderücken wird durch Einsitzen vermehrt belastet. Dagegen entlastet der leichte Sitz den Pferderücken, um dem Pferd das freie Vorwärtsgehen beim Springen oder im Gelände zu erleichtern. Will der Reiter extrem schnelles Tempo reiten, sitzt er im Rennsitz. Dabei neigt er sich mit dem Oberkörper noch deutlicher als im leichten Sitz nach vorn, um den Bewegungsfluss des Pferdes zu unterstützen.

Oft sind auch Mischformen von leichtem Sitz und Rennsitz oder von Dressur- und Entlastungssitz nützlich, um das Pferd in einer bestimmten Situation optimal zu unterstützen.

Der Dressursitz

Er ist die Sitzgrundlage für den leichten Sitz und den Rennsitz und deshalb für den Reitanfänger das erste Lernziel. Der Grundsitz, der hier am ausführlichsten besprochen wird, sieht wie im Folgenden beschrieben aus.

Der Oberkörper

Das Gesäß, bestehend aus den beiden Sitzbeinhöckern und dem Spalt, auch Sitzdreieck genannt, ruht mittig im tiefsten Punkt des Sat-

Korrekter Grundsitz im Halten

tels. Dabei sind die Gesäßmuskeln locker und entspannt, um tief und bequem in dem Sattel Platz zu nehmen. Die beiden Hüften und beide Schultern werden in gleicher Höhe vom Sattel gehalten, damit der Pferderücken auf beiden Seiten gleichmäßig belastet wird und der Reiter nicht zu einer Seite wegknickt. Der Oberkörper richtet sich aus den Hüften senkrecht auf bei leicht nach hinten geschlossenen Schulterblättern. Dabei wölbt sich die Brust etwas nach vorne, ohne zu verkrampfen. So bleibt die Wirbelsäule in ihrer doppelten S-Form und ist geschmeidig und elastisch, damit der Reiter losgelassen die Bewegungen durch eine mitschwingende Mittelpositur auffangen kann.

Kopf und Arme

Der Kopf wird frei getragen und der Blick des Reiters ist geradeaus über die Pferdeohren gerichtet. Das Kinn ist dabei leicht angezogen, ohne zu verkrampfen. Ein ständiger Blick des Reiters auf den Pferdehals verhindert eine entspannte Atmung und eine flexible Blickrichtung. Die Oberarme fallen locker aus den Schultern herab nach unten. Das Ellenbogengelenk und die Unterarme lehnen leicht am Körper des Reiters an und führen vor den Sattel Richtung Pferdemaul.
Es entsteht dadurch eine gedachte Linie Pferdemaul – Zügel – Reiterhand, die eine weiche Verbindung zum Pferdemaul ermöglicht.

Hände und Zügelhaltung

Die Reiterfäuste werden aufrecht leicht eingedreht getragen und die beiden Daumen dachförmig auf den Zeigefinger aufgelegt. Dabei wird der Zügel jeweils in der linken und rechten Hand zwischen Ring- und kleinem Finger aufgenommen und durch die Faust über den Zeigefinger rausgelassen. Der Daumen hält den über dem Zeigefinger verlaufenden Zügel fest und schließt die Faust. Alle vier Finger umschließen den Zügel, sodass die Faust geschlossen ist. Die Zügelenden der beiden Zügel liegen auf der rechten Seite des Pferdehalses unter dem rechten Zügel.

Die Beine

Oberschenkel und Knie sind leicht nach innen gedreht und liegen flach am Sattel, ohne angepresst zu sein. Dabei ist der Oberschenkel von der Hüfte aus so weit nach hinten zu nehmen, dass der Reiter noch auf dem Sitzdreieck bequem Platz nehmen kann. So besitzt der Reiter die größtmögliche Unterstützungsfläche zum Pferd. Die Unterschenkel liegen mit ihrem Eigengewicht flach bei leicht angewinkeltem Knie des Reiters am Pferdeleib an.
Dabei dürfen die Waden nicht an den Pferdeleib gequetscht werden, aber auch nicht lose herunterhängen. Der vordere Rand des Unterschenkels liegt ungefähr am hinteren Rand des Gurtes, sodass Ohr – Schulter – Hüfte – Absatz eine gedachte senkrechte Linie bilden.

»Im Lot« sitzen

Die starre Ausrichtung trägt dazu bei, den Reiter ins körperliche Gleichgewicht zu bringen. Sitzt der Reiter nicht im sogenannten Lot, benötigt er weitaus mehr Muskelkraft, um in die Bewegung des Pferdes einzugehen, und Verspannungen seitens des Reiters und des Pferdes sind die Folge. Ebenso lässt sich die korrekte Schenkellage mit der Senkrechten durch Vorderkante Knie und Fußspitze verdeutlichen. Die Fußgelenke nehmen die Schwingungen des Pferdes auf und der Absatz bildet den tiefsten Punkt und federt dabei in der Bewegung nach unten. Dadurch wird die Wade leicht angespannt und bekommt eine natürliche Festigkeit. Mit dem Fußballen wird der Steigbügel aufgenommen und die Fußspitzen zeigen in Richtung Pferdemaul.

Abweichungen von der »Idealfigur«

Durch körperliche Unterschiede des Reiters und auch des Pferdes sind natürlich leichte Abweichungen von den genannten Linien möglich. Beispiel: Ein großer Reiter wird auf einem kleinen Pferd die Steigbügel kürzer schnallen, um noch genügend Kontakt zum Pferdeleib zu besitzen.
Auch ein gut ausgebildetes Pferd mit einem weichen Bewegungsablauf lässt den Reiter tiefer in dem Sattel Platz nehmen als ein Pferd mit einem stumpfen harten Gang. Deshalb sind gut gerittene Pferde auch gute Lehrmeister. Ein alte Reiterweisheit fasst diesen Tatbestand zusammen: »Der Reiter formt das Pferd und das Pferd formt den Reiter.«

Weitere Anforderungen

Abschließend sei darauf hingewiesen, dass der korrekte Sitz nicht nur das Einnehmen einer bestimmten Körperhaltung ist. Ebenso wichtig sind die Fähigkeiten:

- die Balance zu halten
- losgelassen zu Pferde zu sitzen
- in die Bewegung einzugehen
- Gefühl für Bewegungsabläufe und für die Psyche des Pferdes zu entwickeln

Der etwas kürzere Bügel ermöglicht der großen Reiterin noch genügend Kontakt zum Pferdeleib.

Häufige Sitzfehler im Dressursitz

Bei der Komplexität des korrekten Grundsitzes sind der Vielfalt von Sitzfehlern keine Grenzen gesetzt. Der eine sitzt schief, der andere steif, und vieles mehr. Dabei treten Sitzfehler meist nicht alleine auf. Zum Beispiel hat ein schlechtes Mitschwingen in der Mittelpositur (Becken) meist auch unruhige Hände zur Folge. Oder ein klopfender Unterschenkel kann keinen geschmeidig nach unten federnden Absatz haben. Die meisten Fehler entstehen jedoch durch fehlende Losgelassenheit in einzelnen Körperpartien, die das Eingehen in die Bewegung des Pferdes erschweren.
Wenn die gedachte senkrechte Linie Ohr–Schulter–Hüftgelenk–Absatz nicht mehr zu erkennen ist, spricht man entweder von Stuhlsitz oder Spaltsitz.

Der Stuhlsitz

Beim Stuhlsitz sitzt der Reiter, wie der Name schon sagt, ähnlich wie auf einem Stuhl. Das Gesäß ist zu weit hinten, die Oberschenkel und Knie werden hochgezogen und die Unterschenkel sind zu weit vorne.

- **Ursache:** Meist sind die Bügel zu kurz oder der Sattel hat den tiefsten Punkt zu weit hinten.
- **Korrektur:** Reiten ohne Bügel, Bügel länger schnallen, Ausrichtung des Oberkörpers an die Senkrechte. Knie für kurze Zeit extrem nach hinten korrigieren.

Korrekter Sitz

MEIN TIPP

Achtung: Aufrichtung nicht übertreiben, denn sonst kommen Verspannungen auf. Auch viele Lockerungsübungen an der Longe helfen, ein Gefühl für die richtige Aufrichtung und Ausrichtung des Oberkörpers zu bekommen.

Der Spaltsitz

Beim Spaltsitz dagegen sitzt der Reiter vermehrt auf dem Spalt und auf dem Oberschenkel. Die Bügel sind meist zu lang, der Oberkörper zu weit vorne und die Unterschenkel zu weit hinten.

- **Ursache:** Oft sitzt der Reiter noch nicht in der richtigen Balance und versucht so, sein Gleichgewicht zu halten.
- **Korrektur:** Bügelmaß verkürzen. Sitzübungen wie Arme kreisen lassen, ohne mit dem Oberkörper vor die Senkrechte zu kommen.

Fehlhaltungen des Oberkörpers

Runder Rücken, Schultern hängen

- **Ursache:** Meist schon im Alltag falsche Körperhaltung des Reiters durch lange sitzende Tätigkeiten.
- **Folge:** Der Reiter verliert an Einwirkung und ist steif. Das geschmeidige Mitschwingen der Mittelpositur wird beeinträchtigt.

Stuhlsitz

Spaltsitz

- **Korrektur:** Von der Hüfte ab nach oben mehr strecken und Schulterblätter schließen. Oft hilft dem Reiter, sich einen langen Faden bildlich vorzustellen, der ca. auf Höhe des Brustbeins im T-Shirt befestigt ist und nach oben zieht.

Oberkörper ist zu stark hinter der Senkrechten

- **Ursache:** Reiter glaubt, mehr vorwärts treibend zu wirken.
- **Folge:** Reiter sitzt nicht mehr im richtigen Lot.
- **Korrektur:** Oberkörper in die Senkrechte korrigieren, ggf. Reiter im Halten in die richtige Position setzen.

Das Hohlkreuz

- **Ursache:** Entsteht meist durch zu starke Aufrichtung der Wirbelsäule über dem Becken.
- **Folge:** Führt beim Reiter zu Verspannungen in der Wirbelsäule und verhindert geschmeidiges Mitschwingen in der Mittelpositur.
- **Korrektur:** Lockerungsübungen an der Longe; Reiter darf sich im Oberkörper nicht so stark überstrecken, Sitzbeinhöcker (Gesäßknochen, auf denen man sitzt) spüren und versuchen, diese senkrecht nach unten in den Sattel zu richten. Sich vorstellen, eine Weste zu tragen, auf deren unterem Ende der Reiter mit seinem Gesäß sitzt, damit diese nicht nach hinten abknickt.

Seitliches Einknicken in der Hüfte

- **Ursache:** Meist durch Verkrampfungen im Oberkörper entstanden, wenn keine gesundheitlichen Vorerkrankungen vorhanden sind. Übertriebenes Sitzen auf einer Seite.
- **Folge:** Einseitige Belastung des Pferderückens führt zu falscher Einwirkung.
- **Korrektur:** Sich bewusst machen, welche Schulter tiefer steht. Diese dann bildlich von einem gedanklichen Faden nach oben ziehen lassen. Alternativ kann auch versucht werden, die höher stehende Schulter nach unten zu drücken.

GUT ZU WISSEN

Je länger Sitzfehler unkorrigiert bleiben, umso schwieriger wird es, sich diese später wieder abzugewöhnen. Nur mit ganz viel Willen und Selbstdisziplin kann man einen korrekten Grundsitz erarbeiten!

Häufige Fehler in der Schenkellage

Angeklemmte Knie an den Sattel

- **Ursache:** Meist Mangel an Balance, Versuch, sich festzuklemmen, um Klappern des Gesäßes zu verhindern.
- **Folge:** Der Reiter kann nicht tief im Sattel sitzen. Verlust an Einwirkung.
- **Korrektur:** Reiten ohne Bügel, bei Sitzübungen Knie nach oben Richtung Vorderzwiesel des Sattels anziehen, anschließend Knie nach unten und hinten legen.

Unruhiger Unterschenkel

- **Ursache:** Verspannungen in der Hüfte, Wunsch des Reiters, effizient einzuwirken, Mangel an Grundspannung in der Wade.
- **Folge:** Pferd stumpft ab, keine feine Einwirkung mit den Schenkeln möglich.
- **Korrektur:** Grundspannung erhöhen durch tieferen Absatz, Nachtreiben des Reitlehrers

von unten, damit der Schüler das Gefühl für einen ruhigen Unterschenkel bekommt.

Hochgezogene Absätze

- **Ursache:** Festes Fußgelenk, das nicht nach unten federn kann. Falsch verstandenes Treiben mit dem Absatz anstatt mit der Wade.
- **Folge:** Hochgezogenes Knie, Oberkörper verliert Balance, Verlust an Einwirkung.
- **Korrektur:** Absatz nach unten durchfedern lassen, Reiten ohne Bügel, dabei Fußspitzen kreisen; auf einem Stuhl sitzend immer wieder die Fußspitzen anheben, um das Gelenk beweglicher zu machen.

Häufige Fehler in der Handhaltung

Die verdeckte Hand

- **Ursache:** Falsche Angewohnheit, Verspannung in den Schultern und/oder Händen.
- **Folge:** Handeinwirkung ist nicht mehr so fein möglich.
- **Korrektur:** Bildliche Vorstellung: Bleistifte in der Hand halten, deren Spitzen nach oben zeigen müssen.

GUT ZU WISSEN

Eine wirkungsvolle Korrektur des Grundsitzes ist nur möglich, wenn auch die Ursachen der Fehler korrigiert werden.

Die unruhige Hand

- **Ursache:** Gleichgewichtsprobleme, der Reiter will sich am Zügel festhalten.
- **Folge:** Pferd wird ständig im Maul gestört.
- **Korrektur:** Sitzübungen zur Förderung des Gleichgewichts und der Balance. Dabei kann der Reiter die Hände auf den Vorderzwiesel stellen und diese möglichst nicht bewegen.

Die verkrampfte Hand

- **Ursache:** Neben mangelnder Losgelassenheit im Oberkörper oft Versuch, mit der verkrampften Hand das Pferd im Tempo zurückzuregulieren.
- **Folge:** Unruhige Hände, keine weiche Verbindung zum empfindlichen Pferdemaul, Pferd fühlt sich unwohl und wird im Bewegungsablauf gestört.

Aufrecht getragene Fäuste ermöglichen eine feine Einwirkung auf das Pferdemaul.

Verdeckte Reiterfäuste, bei denen die Handrücken nach oben weisen, sind leider ein häufig zu sehender Fehler.

Unterschiedlich hoch getragene Hände wirken ungleichmäßig auf das Pferdemaul.

- **Korrektur:** Hände immer wieder ausschütteln, bildliche Vorstellung: je eine Waffel mit Eiskugeln in den Händen halten, die nicht zerdrückt werden darf. Dabei ist darauf zu achten, dass das Eis nicht hinunterfällt. Sitzübungen, die das Gleichgewicht fördern.

Der leichte Sitz

Ist der Grundsitz in allen Gangarten gefestigt, können wir mit dem Üben des leichten Sitzes beginnen. Er dient wie das Leichttraben (siehe Seite 74 f.) zur Entlastung des Pferderückens und ermöglicht ein Anpassen der Schwerpunkte von Pferd und Reiter bei einem schnelleren Tempo. Deshalb wird er im Gelände, bei jungen Pferden und beim Springreiten eingenommen.

Sitzvariationen

Je nach Gebrauch kann man den leichten Sitz variieren. Dabei wird das Gesäß mehr oder weniger aus dem Sattel genommen. Beispiel: Über einen Sprung wird der Oberkörper mehr nach vorne geneigt als beim Einreiten eines jungen Pferdes (Remontensitz).

Korrekt ausgeführt – der leichte Sitz

Die Unterschiede zum Grundsitz

Im leichten Sitz werden andere Muskelgruppen als im Grundsitz beansprucht. Besonders Oberschenkel und Rückenmuskeln werden dabei benötigt. Deshalb sollte der leichte Sitz recht schnell auch in der Reitbahn parallel zum Grundsitz trainiert werden.

Für den leichten Sitz werden die Bügel ca. drei bis fünf Loch verkürzt, um einen besseren Halt mit dem Knie zu erzielen und leichter das Gesäß aus dem Sattel zu bringen. Die Winkelung zwischen Ober- und Unterschenkel ist kleiner und dadurch das Knie spitzer. Durch ein Abbiegen im Hüftgelenk des Reiters neigt der Oberkörper entsprechend nach vorn. Der Rücken bleibt gerade (keinen Katzenbuckel) und die Oberschenkelmuskulatur ist für einen guten Knieschluss angespannt. Hüft-, Knie- und Fußgelenk federn die Bewegung des Pferdes ab. Die Hände stehen links und rechts vom Widerrist am Hals und versuchen, eine weiche Verbindung zum Pferdemaul herzustellen, ohne starr oder rückwärts mit der Reiterhand zu agieren. Unterarm-Faust-Pferdemaul bilden wie beim Grundsitz eine Linie. Der Blick ist geradeaus über die Pferdeohren gerichtet, und die Fäuste stehen tief und sind aufrecht getragen. Die Unterschenkel liegen weiter vorne als beim Dressursitz und treiben mit der flachen Wade am Pferdeleib.

Die Steigbügel werden etwas weiter hinten auf den Fußballen aufgenommen, um nicht sofort bei Unebenheiten diese zu verlieren.

Übungen für Fortgeschrittene

Ist der Schüler schon im leichten Sitz gefestigt, können Cavaletti (kleine Bodenstangen) oder kleine Springreihen gesprungen werden, die Bewegungsgefühl, Rhythmus und das sichere Nachgeben mit der Hand zum Pferdemaul trainieren.

Unter dem Gesichtspunkt der Sicherheit ist jetzt auch ein kleiner Ausritt möglich. Abwechslung tut gut. Besonders unsere Schulpferde, die viel Zeit in der Reitbahn verbringen, freuen sich über jede Abwechslung, die ihnen geboten wird.

Häufige Sitzfehler im leichten Sitz

Steifer, unruhiger Oberkörper

- **Ursache:** Wenig geschmeidige Mittelpositur
- **Folge:** Der Reiter kommt schnell hinter die Bewegung des Pferdes, Störung des gewünschten Gleichgewichts.
- **Korrektur:** Ständiger Wechsel in der Neigung des Oberkörpers. Reiten über Stangen.

Leichter Entlastungssitz mit längeren Bügeln

Zurückrutschen der Unterschenkel

- **Ursache:** Balance des Reiters nicht gefestigt.
- **Folge:** Unsicherer Sitz, besonders in unvorhersehbaren Situationen.
- **Korrektur:** Bügelmaß eventuell korrigieren, gedanklich Steigbügel Richtung Pferdemaul drücken.

Hochgezogene Knie und Absätze

- **Ursache:** Meistens Balanceprobleme, zu lange Bügel.
- **Folge:** Unsicherheit im Sitz.
- **Korrektur:** Korrektur der Bügellänge, Reiten im Dressursitz ohne Bügel.

Der Rennsitz

Er wird angewendet, wenn das Pferd seine größtmögliche Geschwindigkeit im Galopp erbringen soll. Dabei schnallt der Reiter seine Bügel nochmals kürzer und versucht mit einem fast liegenden Oberkörper, mit dem Schwerpunkt des Pferdes in Übereinstimmung zu kommen.

In einer Vielseitigkeitsprüfung kann man den Rennsitz auf der Teilstrecke Rennbahn beobachten. Da das Knie des Reiters durch die kurzen Bügel recht weit vorne liegt, ist ein Springsattel für den Reiter unerlässlich. Halt findet er in einem festen Knieschluss und in den extrem kurz geschnallten Bügeln.

Im Rennsitz braucht ein Reiter besonders viel Balance, um nicht das Gleichgewicht zu verlieren.

Sitzübungen als Einstieg

Es sei nochmals erwähnt, dass der Reiter nur mit der nötigen Balance und Losgelassenheit einen korrekten Grundsitz einnehmen kann. Dabei ermöglicht uns diese Körperhaltung, geschmeidig in die Bewegung des Pferdes einzugehen und die gewünschte Harmonie, das Vertrauen und den Gehorsam des Pferdes zu erreichen.

An der Longe

Mithilfe von Sitzübungen an der Longe sollen dem Anfänger Balance, Gleichgewicht, Losgelassenheit, Rhythmusgefühl und die nötige Sicherheit am Anfang gegeben werden.

Auf einem ruhigen Pferd lernt er, passiv in die Bewegung des Pferdes einzugehen und seine

GUT ZU WISSEN

Jede Longenstunde ist eine Einzelstunde, die den Sitz schult und unsere Einwirkung und Hilfengebung auf das Pferd verbessert!

Balance zu halten, ohne selbst zu verkrampfen. Die Zügelführung übernimmt der Longenführer, sodass der Reiter sich in Ruhe auf seinen eigenen Körper konzentrieren kann. Am Anfang erklärt der Lehrer seinem Schüler den Grundsitz im Halten. Dabei fasst der Ausbilder mit seinen Händen um die entsprechenden Gliedmaßen des Reiters und zeigt ihm die richtige Sitzposition. Hat der Schüler alles verstanden, wird das Pferd auf der linken Hand im Schritt longiert. Longieren beginnt man übrigens immer auf der linken Hand, da die Pferde auch auf der linken Seite geführt werden. In der Bewegung ist es schon nicht mehr ganz so einfach, sich in der vorgegebenen Sitzposition zu halten, und eine größere Köperbeherrschung wird nötig, um das Gleichgewicht nicht zu verlieren.

Lockerungsübungen

Dafür gibt es eine Vielzahl erprobter Übungen, die dem Anfänger helfen, die einzelnen Gliedmaßen und Gelenke unabhängig voneinander zu bewegen und sich selbst ins Gleichgewicht zu bringen. In dieser Phase bieten sich Übungen wie Armkreisen, Oberkörper auf den Pferdehals oder hinten auf die Kruppe legen, Fußgelenke kreisen, Kopf kreisen etc. an. Viele Lockerungsübungen führen zu einem geschmeidigen Sitz und befähigen den Reiter, sich den Bewegungen des Pferdes anzupassen. Auch ein Reiten ohne Bügel fördert einen tieferen Sitz, da automatisch der Schüler mehr in dem Sattel Platz nimmt. Ob gleich die ersten Stunden mit Steigbügel oder ohne Bügel geritten werden, entscheidet der Reitlehrer.

Sitzübungen sind das beste Mittel, um die Balance auf dem Pferd zu erlernen.

Zunächst ohne Zügel

Erst wenn der Anfänger Sicherheit gewonnen hat und im Schritt der korrekte Grundsitz gehalten werden kann, wird angetrabt. Hier darf der Anfänger sich am Anfang mit seinen Händen im Vorderzwiesel festhalten, bis er dem Bewegungsablauf des Pferdes folgen kann und sich sicherer fühlt. Ziel ist es, den Grundsitz auch im Trab nicht zu verlieren.

Solange wir noch nicht geschmeidig dem Bewegungsablauf folgen können, wird man uns keinen Zügel in die Hand geben, da wir mit unseren unruhigen Händen nur das Pferd im Maul stören würden.

Auch der erste Galopp wird erst an der Longe geübt, wenn im Trab sicher die Balance gehalten wird. Dieser macht so manchen im Trab erzielten Erfolg kaputt und muss genauso behutsam erarbeitet werden. Dabei kann der Reiter sich mit einer Hand vorne und mit der anderen Hand hinten am Sattel festhalten. Er soll lernen, geschmeidig den Galoppsprung auszusitzen,

Sitzübungen ohne Zügel helfen, sich in den Bewegungsablauf des Pferdes einzufinden.

ohne mit dem Gesäß den Sattel »auszuwischen«. Je nach Talent wird man nach einiger Zeit die Balance und Losgelassenheit erreichen und ohne Festhalten die Galoppsprünge aussitzen können.

GUT ZU WISSEN

Nur ein guter Sattel mit einem tiefen Sitz und einem Sattelblatt ohne zu dicke Pauschen hilft uns, den korrekten losgelassenen Sitz zu erlernen.

Der Ablauf einer Longenstunde

Die Longenarbeit sollte nicht länger als 30 bis 45 Minuten dauern, da auch das Pferd erheblich beansprucht wird. Um Überforderung zu vermeiden, werden immer wieder kurze Schrittpausen eingebaut, die Zeit zum Verschnaufen geben. Besonders das Pferd empfindet eine kleine Schrittpause als Belohnung und auch der Reiter ist beim nächsten Antraben wieder neu motiviert. Gerade am Anfang bleibt der Muskelkater oft nicht aus, aber eine ständige körperliche Überforderung ist ausdrücklich zu vermeiden.

Für Anfänger – der Vielseitigkeitssattel

Für den Reitanfänger ist der beste Sattel ein Vielseitigkeitssattel, der auch sehr gut zum Erlernen des Entlastungssitzes geeignet ist. Extreme Pauschen am Sattelblatt, wie sie heute bei vielen Dressursätteln üblich sind, haben meistens nicht nur bei Anfängern ein Klemmen des Knies zur Folge und suggerieren dem Reiter eine gute Schenkellage.
Oft liegt der Schenkel trotzdem falsch und der Reiter kommt somit aufgrund seines fest angepressten Knies nicht mehr zum richtigen Sitzen. Durch das kurze Sattelblatt ermöglicht der Springsattel hingegen keinen gestreckten Sitz.

Geduldig an der Longe bleiben!

Leider wird das Reiten an der Longe oft als lästiges Übel empfunden, da jeder Reitschüler so schnell wie möglich eigenständig reiten möchte. Es ist jedoch zu seinem eigenen Vorteil, etwas länger an der Longe zu bleiben, um seinen Sitz weiter zu festigen. Erst wenn wir ganz sicher die Balance im Schritt, Trab und Galopp halten können, sollte mit dem freien Reiten begonnen werden. Dies kann bei talentierten Reitern innerhalb einiger Wochen, bei anderen erst nach Monaten erreicht sein.

Der Reitlehrer entscheidet, wann der Zeitpunkt gekommen ist, ohne Bügel zu reiten. Ein schon unabhängiger Sitz ist dafür Voraussetzung.

Das Leichttraben

Leichttraben ist für Reiter und Pferd eine Entlastung und wird zum Lösen des Pferdes und im Gelände auf längeren Trabstrecken eingesetzt. Der Reiter lässt sich bei jedem zweiten Trabtritt taktmäßig durch den Schwung des Pferdes aus dem Sattel heben und setzt sich anschließend wieder weich in den Sattel zurück.

Auf dem »richtigen Fuß«

In der Reitbahn wird auf dem inwendigen Hinterfuß getrabt. Das heißt, wenn der innere Hinterfuß vorgreift, steht der Reiter auf. Ein leisen Zählen von »eins, zwei – eins, zwei« kann hilfreich sein, wobei der Reiter immer bei »eins« aufsteht und bei »zwei« im Sattel sitzen bleibt. Da im Trab die Fußfolge diagonal ist (das diagonale Beinpaar fußt gleichzeitig ab), hilft es dem Anfänger, auf die äußere Schulter des Pferdes zu achten. Wenn diese nach vorne geht (schwingt auch gleichzeitig das innere Hinterbein vor), steht der Reiter auf. Geht diese zurück, bleibt er sitzen. Falls er fälschlicherweise aufsteht, wenn die äußere Schulter zurückgeht, trabt er auf dem »falschen Fuß«.

Das äußere Vorderbein und das innere Hinterbein gehen gleichzeitig zurück. Die Reiterin sitzt in diesem Moment im Sattel.

Fußwechsel

Durch einmaliges »Werfen lassen« wird der Fehler korrigiert, und der Reiter trabt wieder auf dem »richtigen Fuß«. Auch im Falle eines Handwechsels ist der Fuß zu wechseln. Denn das vorher innere Hinterbein des Pferdes wird jetzt zum äußeren Hinterbein. Dafür bleibt der Reiter auf der Wechsellinie einfach einen Tritt sitzen und trabt dann wieder wie gewohnt weiter leicht. Auch im Gelände ist immer wieder der »Fuß zu wechseln«, um das Pferd gleichmäßig zu belasten.

So lernt man leichttraben

An der Longe wird erst das Leichttraben geübt, wenn wir die Balance sicher auf dem Pferd halten können. Der Takt wird dabei leichter erlernt, wenn die Bügel dafür etwas kürzer geschnallt sind. Zuerst werden wir im Schritt aufgefordert, den Oberkörper etwas nach vorne zu nehmen und unser Gewicht mit den Knien und den Steigbügeln abzufangen. Dabei nehmen wir das Gesäß aus dem Sattel und stützen die Hände links und rechts vom Widerrist auf. Die Zügel werden erst in die Hand gegeben, wenn wir den Bewegungsablauf im Trab sicher beherrschen. Ansonsten ist die Gefahr viel zu groß, dass wir uns an den Zügeln festhalten oder uns daran hochziehen. Häufige Fehler:

- Beim Aufstehen die Unterschenkel nach vorn drücken und zu hoch aufstehen
- In den Sattel plumpsen

Das äußere Vorderbein und das innere Hinterbein fußen gleichzeitig nach vorn. Die Reiterin steht in diesem Moment auf.

Die Reiterhilfen

Reiterhilfen dienen zur Verständigung zwischen Reiter und Pferd. Dabei ermöglichen sie dem Reiter, auf das Pferd einzuwirken und es in allen drei Gangarten zu kontrollieren. Durch die Bedeutung des Wortes »Hilfe« wird klar, dass der Reiter möglichst ohne Zwang dem Pferd »hilft«, seine Wünsche zu verstehen und umzusetzen.

Sanfte Kommunikation

Wir unterteilen die Reiterhilfen in:

- Gewichtshilfen
- Schenkelhilfen
- Zügelhilfen
- Stimme (ergänzende Reiterhilfe)

Entscheidend für die Umsetzung einer gewünschten Reaktion ist aber nicht die einzelne Hilfe, sondern immer das Zusammenspiel der Hilfen (siehe Seite 86). Dieses Zusammenspiel macht es erst möglich, das Pferd im Tempo, in der Biegung, im Ausdruck, in der Körperhaltung und in seiner psychischen Verfassung zu beeinflussen.

Je weiter fortgeschritten ein Reiter ist, umso »unsichtbarer« werden seine Reiterhilfen für den Betrachter sein. Dies ist aber ein langer Weg und benötigt viele Stunden Übung auf dem Pferderücken.

Es erklärt sich von selbst, dass die nötige Dosierung der Hilfen sehr unterschiedlich ist und vom Temperament und vom Ausbildungsstand des Pferdes abhängt. Ein und dieselbe Hilfe wird bei einem phlegmatischen Pferd als Aufforderung und bei einem hoch sensiblen Pferd schon als Strafe empfunden. Deshalb ist es in der Reitausbildung wichtig, immer wieder andere Pferde zu reiten und das Gefühl für die Dosierung seiner Hilfen auf unterschiedlichen Pferden zu erspüren. Während die Gewichts- und Schenkelhilfen mehr vorwärtstreibend wirken, wirkt die Zügelhilfe natürlich stark bremsend.

Die Gewichtshilfen (vorwärtstreibend)

Mit seinem Gewicht kann der Reiter verschiedenartig auf das Pferd einwirken:

- Beidseitig (beide Gesäßknochen sind gleich stark belastet)
- Einseitig belastend (ein Gesäßknochen ist mehr belastet)
- Entlastend (beide Gesäßknochen wirken nicht voll in den Sattel)

MEIN TIPP

Zum Erspüren unserer beiden Gesäßknochen können wir uns auf einen harten Stuhl auf unsere Handinnenflächen setzen. Wir fühlen den unterschiedlichen Druck, wenn wir den Oberkörper in seiner Position verändern und unsere Bauchmuskeln sowie tiefe untere Rückenmuskulatur anspannen.

Beidseitig/einseitig belastend

Die beidseitig belastende Gewichtshilfe entsteht aus einem korrekten Grundsitz und einem mitschwingenden Becken mit einem mäßig angespannten Kreuz. Verstärkt wird die vorwärtstreibende Tendenz durch das sogenannte Kreuzanspannen. Dafür spannt der Reiter seine Bauchmuskulatur und die untere Rückenmuskulatur für einen kurzen Moment an, ohne mit dem Oberkörper hinter die Senkrechte zu kommen. Das Kreuz darf aber nur kurzfristig angespannt werden, da sonst das lockere Mitschwingen der Mittelpositur verhindert wird.
Die einseitige Gewichtshilfe wird bei allen Wendungen und Biegungen eingesetzt. Dabei belastet der Reiter vermehrt den inneren Gesäßknochen.

Beispiel: Bei einer Wendung nach rechts blickt der Reiter nach rechts und dreht den Oberkörper dabei entsprechend. Das Gewicht wird vermehrt auf den rechten Gesäßknochen verlagert. Dadurch senkt sich geringfügig das rechte Knie und in der Folge wird der rechte Bügel vermehrt ausgetreten.
Das Pferd folgt in der Regel dem Reitergewicht, um nicht selbst aus dem Gleichgewicht zu kommen.

Häufiger Fehler: Der Reiter rutscht in der Wendung nach außen, Einknicken in der Hüfte.

Korrektur: Kein übertriebenes Nach-innen-Sitzen, da es ein Einknicken zur Folge hat. Versuchen, mit beiden Gesäßknochen nach innen zu rutschen, um der Zentrifugalkraft entgegenzuwirken. Innere Schulter dabei nicht absenken.

Das Gesäß ruht gleichmäßig auf beiden Gesäßknochen.

Reiterin knickt in der rechten Hüfte ein und belastet dadurch vermehrt die andere Seite.

Entlastend

Mit entlastender Gewichtshilfe reitet der Reiter, wenn er sein Pferd lösen und den Rücken des Pferdes entlasten oder die Hinterhand nicht so stark belasten möchte.
Das Gewicht wird vermehrt auf die Oberschenkel und Steigbügel verlagert, wobei der Oberkörper leicht nach vorne genommen wird.
Das Gesäß bleibt dabei leicht im Sattel. Junge Pferde werden oft im Entlastungssitz gearbeitet, um den noch empfindlichen Rücken zu schonen und Verspannungen zu vermeiden.
Auch Spring- und Vielseitigkeitsreiter nutzen diese Sitzposition, da sowohl schnell der leichte Sitz als auch ein tiefes Einsitzen im Sattel möglich sind.

Schenkelhilfen

Die Schenkel wirken:

- Vorwärtstreibend
- Vorwärts-seitwärtstreibend
- Verwahrend

Vorwärtstreibend

Der vorwärtstreibende Schenkel ist für das Vorwärtsgehen und die Aktivierung der Hinterbeine des Pferdes verantwortlich. Er liegt wie im Grundsitz dicht hinter dem Gurt, und die gedachte senkrechte Linie Schulter – Hüfte – Absatz ist einzuhalten.
Die vorwärtstreibende Wirkung der Schenkel wird gleichzeitig durch Druck mit beiden Unter-

Der vorwärtstreibende Schenkel treibt am Gurt.

Der verwahrende Schenkel liegt ca. eine Handbreit hinter dem Gurt.

schenkeln am Pferdeleib erreicht. Wenn das Pferd sich in Bewegung oder in die gewünschte Gangart gesetzt hat, wird der Schenkeldruck wieder verringert. Schon in seiner ersten Reitstunde macht jeder Reitschüler die Erfahrung, dass durch Druck oder Klopfen sich das Pferd aus dem Halten in Bewegung setzt.
Wie viel Druck benötigt wird, um ein Pferd aus dem Halten anzureiten, hängt von der Empfindlichkeit und der vorangegangenen Ausbildung des Pferdes ab.
Häufiger Fehler: Klemmen oder Klopfen der Unterschenkel in der Hoffnung, stärker mit der Schenkelhilfe durchzukommen. Für Pferde ist sowohl das eine als auch das andere unangenehm.
Korrektur: Bei klemmenden Schenkeln tief im Sattel Platz nehmen und locker in der Hüfte bleiben, bei klopfenden Schenkeln mehr Spannung in die Wade durch tiefen Absatz bringen und Gerte zur Unterstützung benutzen, wenn keine Reaktion auf treibende Schenkelhilfe folgt. Kürzere Bügel können auch helfen.

Vorwärts-seitwärtstreibend

Der einseitig vorwärts-seitwärtstreibende Schenkel wirkt vermehrt seitwärts und liegt ca. eine Handbreit hinter dem Gurt. Er wird eingesetzt, wenn das jeweilige Hinterbein des Pferdes abfußt.
Auch hier macht der Anfänger früh seine Erfahrung, wenn er im Halten einen Unterschenkel verstärkt ans Pferd andrückt. Das gut gerittene Pferd reagiert und weicht dem Schenkel mit der Kruppe seitwärts aus. Zum Erfühlen der Wirkung eines seitwärtstreibenden Schenkels ist die Vorhandwendung bestens geeignet (siehe Seite 93).

Verwahrend

Der verwahrende Schenkel liegt ebenso ca. eine Handbreit hinter dem Gurt und verhindert das seitliche Ausweichen der Hinterhand des Pferdes.
In allen Wendungen kommt der verwahrende Schenkel als Gegenspieler des inneren treibenden Schenkels zum Einsatz.

In der Linkswendung liegt der äußere (rechte) Schenkel verwahrend hinter dem Gurt und verhindert ein seitliches Ausweichen der Kruppe.

Die Zügelhilfen

Durch die Kraft in den Armen kommt zu Beginn jeder Reiter in die Versuchung, mit viel Handeinwirkung auf das Pferd einzuwirken. Das Pferdemaul reagiert aber sehr empfindlich, sodass die Zügelhilfe ganz fein und weich eingesetzt werden muss.
Je weniger Handeinwirkung benötigt wird, umso feiner ist der Reitstil und die Kommunikation zum Pferdemaul.

GUT ZU WISSEN

Zügelhilfen dürfen nie alleine gegeben werden; sie müssen immer von Kreuz- und Schenkelhilfen durch den Reiter unterstützt werden.

Die annehmende Zügelhilfe

Die annehmende Zügelhilfe wird durch ein Zudrücken oder Eindrehen der Reiterfaust bewirkt, wobei dadurch für einen kurzen Moment die Zügel verkürzt werden. Anschließend erfolgt sofort das Ausdrehen der Fäuste (nachgeben), damit die Zügelhilfe nicht ungewollt rückwärts wirkt und »stecken« bleibt.
Wichtige Grundregel: Es gibt keine annehmende Zügelhilfe, der nicht sofort die nachgebende Zügelhilfe folgt!

Die nachgebende Zügelhilfe

Bei der nachgebenden Zügelhilfe wird die Faust entsprechend in Richtung Pferdemaul ausgedreht und/oder geht in Richtung Pferdemaul vor. Der Druck auf das Pferdemaul verringert sich.
Nachgebende Zügelhilfen werden nach annehmenden Zügelhilfen, zum Dehnen des Pferdehalses, bei Temposteigerungen und beim Springen eingesetzt.

Die verwahrende Zügelhilfe

Die verwahrende Zügelhilfe wird wie der verwahrende Schenkel als Gegenspieler des stärker angenommen inneren Zügels verwendet. Der Pferdekopf wird dadurch in seiner Blickrichtung begrenzt.

Die durchhaltende Zügelhilfe

Die durchhaltende Zügelhilfe wird aus einer fest am Platz stehenden, geschlossenen Reiterfaust gegeben.
Geht das Pferd gegen die Reiterhand, wird im Zusammenspiel mit den treibenden Hilfen gegen den Druck des Pferdemauls durchgehalten, bis das Pferd sich am Gebiss abstößt und im Genick nachgibt. Dieser Moment ist sofort zu erfühlen und durch Nachgeben zu belohnen.

Häufige Fehler

- Wechselseitiges Ziehen der Reiterhände (riegeln)
- Viel zu grobe Zügelhilfen, die dem Pferd Schmerzen bereiten und zu Widersetzlichkeit führen
- Beim Nachgeben wird der Zügel weggeworfen

Korrektur: Verbindung zum Pferdemaul sich als leicht gespanntes Gummiband vorstellen, das nicht reißen und nicht durchhängen darf.

Paraden und halbe Paraden

Als Zügelhilfen werden sogenannte Paraden eingesetzt. Halbe Paraden werden immer gegeben:

- zum Wechsel von einer Gangart in eine andere Gangart
- zur Vorbereitung einer neuen Lektion
- zur Erhöhung der Aufmerksamkeit
- zur Verkürzung des Tempos
- zur Verbesserung der Haltung

Bei gleichzeitig treibenden Hilfen wird die äußere Zügelfaust leicht eingedreht und veranlasst das Pferd zum gewünschten Verhalten. Bei gut gerittenen Pferden langt ein Zusammendrücken der aufrecht stehenden äußeren Reiterfaust, um vom Pferd als halbe Parade verstanden zu werden. Halbe Paraden werden so oft wiederholt, bis die gewünschte Reaktion beim Pferd eingetreten ist. Ohne halbe Paraden als Vorbereitung auf eine neue Lektion würden wir das Pferd überfallen und müssten dann entsprechend schärfer mit der Hand einwirken.

Ganze Paraden

Ganze Paraden führen aus allen Gangarten auf geraden Linien immer zum Halten. Im Gegensatz zur halben Parade, die nur am äußeren Zügel gegeben wird, wird die ganze Parade an beiden Zügeln gleichzeitig ausgeführt. Als Einleitung zur ganzen Parade gibt der Reiter halbe Paraden.
Je nach gewünschter Stärke vibrieren die Finger oder werden die Hände im Handgelenk zum Reiter hin eingedreht, um den Zügel für einen kurzen Moment zu verkürzen. Reagiert das Pferd schon im Ansatz, ist sofort wieder nachzugeben, um den erhöhten Druck vom Pferdemaul zu nehmen. Bleibt die gewünschte Reaktion beim Pferd aus, müssen sowohl die halbe als auch die ganze Parade wiederholt werden, bis sie zum gewünschten Verhalten führen. Alle Paraden erzeugen ihre Wirkung beim Pferd nur mithilfe der treibenden Schenkel- und Gewichtshilfe!

GUT ZU WISSEN

Es benötigt viel Übung, bis ein Reiter mit feinen Zügelhilfen auf sein Pferd einwirken kann. Egon von Neindorff, Gründer des klassischen Reitinstituts in Karlsruhe, formulierte ganz treffend, wie fein Zügelhilfen eingesetzt werden sollen: »Die Reiterhand steht still und bewegt sich doch.«

Gerade bei ganzen Paraden ist es sehr schwierig, die richtige Dosis der annehmenden und treibenden Hilfen zu finden. Treibt der Reiter nämlich zu stark mit seinen Schenkeln, wird das Pferd einfach weiterlaufen.
Zieht der Reiter nur am Zügel, ohne genügend nachzutreiben, geht das Pferd meist nur gegen die Reiterhand und widersetzt sich.

Häufiger Fehler

Paraden werden mit zu harten Zügelhilfen und ohne treibende Hilfen gegeben.
Folgen: Pferd stockt oder widersetzt sich.
Korrektur: Nur Finger vibrieren lassen bei gleichzeitigem entsprechendem Treiben. Vorstellung: Schwamm in der Hand ausdrücken.

Hilfsmittel zur Unterstützung der Reiterhilfen

»Die Stimme ist der Sporn des Geistes«, so beschrieb Antoine de Pluvinel (1555–1620), Reitlehrer von König Ludwig XIII. von Frankreich, die Stimme als Kommunikationsmittel zwischen Pferd und Reiter.

Als Belohnung wird das Pferd mit der flachen Hand am Hals geklopft. Dies kann mit passender Stimme unterstützt werden.

Die Stimme und ihre Bedeutung

Um besser auf das Pferd einzuwirken, kann die Stimme des Reiters ergänzend als Hilfe verwendet werden. Gerade Kommandos, die von der Arbeit an der Longe dem Pferd vertraut sind, wie »Teerab, Scheeriitt, Gaalopp« und »Haaalt« können auch beim Reiten eingesetzt werden, um vom Pferd besser verstanden zu werden. So kann z. B. beim Wunsch anzuhalten der Einsatz der Zügelhilfen deutlich reduziert werden, da die eingesetzte Stimme unterstützend wirkt.

In passender Tonlage

Jedoch: »Der Ton macht die Musik«, und so ist die richtige Tonlage auch beim Pferd von besonderer Bedeutung. Beispiel: Pferde werden durch ein scharf und laut gesprochenes »Halt« eher nervös, als dass sie entspannt anhalten. Daher muss die Stimmlage den Anforderungen entsprechend (beruhigend oder anregend) angepasst werden. So wirkt ein ruhiges, lang gezogenes »Haaalt« sicherlich beruhigend und erzeugt die gewünschte Reaktion beim Pferd. Ein im aufmunternden Tonfall gesprochenes »Gaalopp« wird das Pferd aufmuntern und die Galopphilfe unterstützen. Jedoch darf nicht stundenlang auf das Pferd eingeredet werden, weil es sonst abstumpft und sich die anderen Reiter gestört fühlen. Mit Fortschreiten der Ausbildung eines Pferdes tritt natürlich die Stimmhilfe im-

mer mehr in den Hintergrund. Auf dem Turnier darf die Stimmhilfe für die Richter nicht hörbar sein! Aber man kann in bestimmten Situationen auch leise zu seinem Pferd sprechen – das Pferd besitzt ein sehr gutes Gehör!
Ebenso ist die Stimme ein gutes Instrument, die Gemütslage eines Pferdes zu beeinflussen. Ein lang gezogenes »braav« wirkt im Gegensatz zu einem Zungenschnalzer beruhigend und wird nach dem korrekten Ausführen einer Lektion als Lob vom Pferd verstanden. Auch kann ein lauteres Ansprechen wie »nah«, »artig« das Verhalten disziplinieren. Wir müssen jedoch unbedingt immer das gleiche Kommando zu der gewünschten Lektion hinterlegen. Eine Eindeutigkeit in der Bedeutung des Wortes muss vom Pferd erkannt werden, um die Lektion richtig auszuführen.

Sporn und Gerte

Der Sporn kann erst verwendet werden, wenn unser Schenkel ruhig und kontrolliert am Pferdeleib liegt und unsere Fußspitze in Richtung Pferdemaul zeigt.
Ansonsten würden wir das Pferd ständig ungewollt spornieren und eventuell am Bauch verletzen.

Der Umgang mit Sporen

Er unterstützt die treibende Schenkelhilfe und wird bei besonders faulen oder abgestumpften Pferden verwendet. Sporen gibt es in vielen Variationen zu kaufen.
Für Anfänger ist ein kleiner, nicht so scharfer Sporn angemessen, um die Gefahr von Verletzungen zu vermeiden. Schärfere Sporen sind länger und oft mit einem sogenannten Rädchen ausgestattet. Beim Anschnallen wird der Sporn parallel zur Fußsohle verschnallt, damit beim Treiben das Pferd nicht ungewollt berührt wird.

Der Umgang mit der Gerte

Eine Gerte unterstützt ebenso die treibenden Hilfen oder wird zur Aktivierung der Hinterbeine verwendet.

GUT ZU WISSEN

Erst wenn der Schenkeldruck nicht ausreicht, um die gewünschte Reaktion beim Pferd auszulösen, Sporn oder Gerte als Hilfe einsetzen.

Der Anfänger hält die Gerte in der inneren Reiterhand, sodass diese nicht versehentlich an der Bande streift und das Pferd irritiert.

Korrekt angelegter Sporn, der parallel zur Fußsohle verschnallt ist

Wechselt der Reiter die Hand, wechselt er auch die Gerte in die neue innere Hand.
Dies geschieht immer auf der Wechsellinie ca. eine Pferdelänge vor Erreichen des neuen Hufschlags. Dabei lässt der Reiter mit der zukünftigen Gertenhand den Zügel kurz los und zieht die Gerte aus der alten Hand nach oben heraus. Anschließend nimmt er den Zügel wieder auf.
Die Gerte wird recht weit oben am Griff festgehalten und fällt schräg über den Oberschenkel nach unten.
Es ist viel Feingefühl und Geschick in der Reiterhand erforderlich, um das Pferd beim Gerteneinsatz nicht im Maul zu stören. Deshalb sollte der Anfänger ruhig die Zügel in eine Hand nehmen und mit der dann freien Hand die Gerte kurz hinter dem Reiterschenkel einsetzen.
Zeigt das Pferd keine Reaktion, war die Intensität des Schlags zu schwach. Pferde sind in ihrem Empfinden unterschiedlich und reagieren ganz individuell. So gibt es Pferde, die ein leichtes Antippen schon als Strafe empfinden, und Pferde, die bei einem vorsichtigen Gerteneinsatz gar nicht reagieren.
Ein harter Gertenschlag ist aber immer schmerzhaft und wird bei allen Pferden als Strafe empfunden.

Die Reiterfaust mit der Gerte wird ebenso aufrecht getragen. Die Gerte fällt dabei schräg über den Oberschenkel nach hinten.

Hilfszügel

Hilfszügel nehmen auf mechanische Weise Einfluss auf die Kopf- und Halshaltung des Pferdes. Besonders wichtig ist jedoch die richtige Verschnallung, da ansonsten die Wirkung ausbleibt oder bei zu kurzer Einstellung sich das Pferd eingeengt fühlt.
Durch die gleichmäßige Kopf-Hals-Haltung erhält das Pferd eine konstante Verbindung zum Gebiss und erreicht schneller seine eigene Losgelassenheit. Diese gleichmäßige Verbindung ist dem Pferd angenehmer, als ständig unruhige Hände im Maul zu spüren.

Der Reiter sitzt bequemer, lernt, seine Hände ruhig zu halten, und kann wesentlich schneller einen korrekten Sitz erlernen.

Die verschiedenen Arten von Hilfszügeln

Ausbinder

Meistens wird bei Anfängern ein Ausbinder als Hilfszügel gewählt. Ausbinder sind unterhalb des Zügels in den Trensenring und in die obere Hälfte des Sattelgurtes zu schnallen. Dabei muss die Nase des Pferdes noch leicht vor der Senkrechten bleiben können.

Dreieckszügel

Aber auch andere Hilfszügel, wie zum Beispiel der Dreieckszügel, werden in der Praxis oft verwendet.
Dieser lässt dem Pferd mehr Freiheit und ermöglicht ein vermehrtes Dehnen des Pferdehalses nach unten. Welcher Hilfszügel zum Einsatz kommt, entscheidet der Reitlehrer ganz allein, da jedes Pferd ganz unterschiedlich auf einen Hilfszügel reagiert.

Martingal

Das Springen über Hindernisse ist mit den relativ starren Hilfszügeln jedoch nicht möglich, weil das Pferd hierbei unbedingt eine gewisse Halsfreiheit benötigt.
In diesem Fall kann ein Martingal zum Einsatz kommen. Es wirkt auf das Pferdemaul bei richtiger Verschnallung erst, wenn das Pferd den Kopf zu hoch reißt. Ansonsten schränkt es die nötige Halsfreiheit nicht ein.
So ist es dem Pferd bei zu harter Reiterhand möglich, seinen Kopf anzuheben, bis das Martingal mit seiner Wirkung einsetzt. Der Reiter lernt so sehr schnell, wann er seine Zügelhilfe zu stark eingesetzt hat.

Wieder »Kopffreiheit« geben

Am Ende einer Reitstunde entfernen wir schon bei der letzten Schrittphase den starren Zügel. Das Pferd ist eine längere Zeit in der gleichen Haltung gegangen und freut sich wieder, den Hals frei nach eigenem Ermessen tragen zu können.
Dazu lassen wir den Zügel lang und halten ihn an der Schnalle (hingegebener Zügel).

Einfache Ausbindezügel

Dreieckszügel

Martingal

Das Zusammenspiel der Hilfen

Die Reaktion des Pferdes auf die Reiterhilfen hängt davon ab, welche Hilfen, in welcher Dosierung, in welcher Kombination, in welchem Augenblick gegeben werden.

In feinster Abstimmung

Egon von Neindorff sprach vom »Orchester der Hilfen«, um das Zusammenspiel und die Feinabstimmung der Hilfen untereinander anschaulich zu erklären.
Jede Änderung der Gangart, jeder Tempowechsel, Richtungsänderungen und Veränderungen in der Selbsthaltung des Pferdes werden mit einer Vielzahl von Kombinationen der Schenkel-, Zügel- und Gewichtshilfen eingeleitet.
Je besser der Reiter das Zusammenspiel beherrscht, umso besser ist sein Gefühl und umso besser ist seine Einwirkung auf dem Pferd.

Wirken nur in Kombination

Da Hilfen immer zusammen eingesetzt werden müssen, kann der Anfänger eine Hilfe allein und ihre Wirkung leider nicht ausprobieren, weil das Pferd diese nicht verstehen würde.
Beispiel: Anhalten aus dem Trab nur mit der Zügelhilfe ohne Unterstützung der Gewichts- und Schenkelhilfen ist für das Pferd unverständlich. Es würde den Kopf hochreißen, sich gegen die Reiterhand wehren oder einfach weiterlaufen. Wird dagegen die Zügelhilfe mit den treibenden Hilfen kombiniert, hält das ausgebildete Pferd willig an. Der Reiter gibt sofort mit der Reiterhand nach, da das Pferd sonst rückwärtslaufen würde oder sich gegen die annehmende Zügelhilfe widersetzt. Mit welcher Intensität die einzelnen Hilfen einzusetzen sind, hängt vom Ausbildungsstand und von der Sensibilität des Pferdes ab. »Stimmt das Zusammenspiel der Hilfen nicht, heben sich die Hilfen in ihrer Wirkung auf«, erklärt Richard Hinrichs, einer der bekanntesten und erfolgreichsten Ausbilder der klassischen Reiterei.
Beispiel: Der Reiter möchte anhalten und setzt dabei zu stark seine treibenden Hilfen ein. Dadurch hebt sich die Zügelhilfe auf und das Pferd läuft einfach weiter oder stößt gegen die Reiterhand.
In der Praxis muss jeder Schüler das Zusammenwirken der Hilfen beim Pferd erfühlen und erlernen. Dabei folgt es willig unseren Wünschen, wenn es uns verstanden hat. Mit Widersetzlichkeit wird es auf zu grobe Hilfen reagieren und seine Unwilligkeit zeigen. Der Reitlehrer kann hierbei nur durch verschiedene Lektionen immer wieder zur Selbstbeobachtung und Analyse anregen.

MEIN TIPP

Als Hilfe kann es durchaus sinnvoll sein, die Augen kurz zu schließen, und sich nur auf seine Hilfengebung und auf die Reaktion des Pferdes zu konzentrieren. Das Pferd ist dabei der beste Lehrmeister, denn es zeigt sofort an seiner Reaktion, ob die Hilfengebung richtig oder falsch war.

Übergänge reiten

Jeder Wechsel von einer Gangart in eine andere Gangart, also zum Beispiel vom Schritt zum Trab oder vom Trab in den Galopp oder umgekehrt, wird in der Reitersprache als Übergang bezeichnet.
Auch bei einem Tempowechsel innerhalb einer Gangart, zum Beispiel vom normalen Trab (Arbeitstrab) zu einem raumgreifenderen Trab (Mitteltrab), spricht man von Übergängen innerhalb einer Gangart.

»Gymnastik« für das Pferd

Durch das Wechseln der Gangarten wird das Pferd geschmeidiger und die Losgelassenheit verbessert. Es wird auf die Reiterhilfen sensibilisiert und veranlasst, mehr Last auf die Hinterbeine aufzunehmen (siehe »Versammlung« Seite 129 f.).
Gute Übergänge fließen ineinander über, ohne dass das Pferd ins Stocken kommt oder sich widersetzt. Dabei lässt es sich geschmeidig im Tempo zurücknehmen und ebenso willig wieder vorwärtsreiten.
Anreiten, Antraben und Parieren werden immer in der Bewegungsrichtung geradeaus ausgeführt. Deshalb wirken beide Zügel und beide Schenkel gleichmäßig, um den Impuls nach vorn zu erhalten. Je besser das Zusammenspiel der Hilfen ist, umso besser werden die Übergänge in ihrer Ausführung sein. Alle Übergänge müssen gut durch halbe Paraden vorbereitet werden, ansonsten kann das Pferd sich durch unsere Hilfen »überfallen« fühlen.

Übergänge vom Halten zum Schritt

Jeder Anfänger wird damit schon in den ersten Reitstunden konfrontiert. Während er noch Unterstützung vom Reitlehrer benötigt, um das Pferd zum Vorwärtsgehen zu veranlassen, fühlt er bald, dass er keine fremde Hilfe mehr benötigt, wenn er Kreuz- und Schenkelhilfen einsetzt und mit seiner Reiterhand nachgibt.

GUT ZU WISSEN

Gute Übergänge stellen eine hohe Anforderung an den Reiter und fordern ein gefühlvolles Zusammenspiel der Hilfen.

Im Halten sitzt der Reiter entspannt auf dem Pferderücken und legt seine Schenkel leicht an den Pferdeleib an. Die Reiterhand steht still und versucht, eine weiche Verbindung zum Pferdemaul herzustellen.

Anreiten

Zum Anreiten werden folgende Hilfen gegeben:
- Halbe Parade am äußeren Zügel, um das Pferd aufmerksam zu machen
- Die Reiterhand gibt etwas nach
- Die Unterschenkel treiben beidseitig
- Das Kreuz wird für einen kurzen Moment angespannt

Häufige Fehler

- Hand gibt nicht nach
- Oberkörper fällt nach vorn

Korrektur

Schwer auf dem Gesäß sitzen bleiben, nur die Ellenbogen leicht nach vorn schieben, um das Pferd nicht im Antritt zu behindern.

Übergänge vom Schritt in den Trab

Im Schritt sitzt der Reiter losgelassen im Grundsitz und treibt wechselseitig mit beiden Unterschenkeln das Pferd.
Die Reiterhand steht ruhig und gestattet dem Pferd mit seinem Hals die natürliche Nickbewebung.

Antraben

Zum Antraben gibt er folgende Hilfen:

- Halbe Parade am äußeren Zügel
- Anspannen des Kreuzes
- Zügelfäuste gehen etwas nach vorne, damit Pferd nicht zurück gehalten wird
- Beide Unterschenkel drücken gleichzeitig an den Pferdeleib

Häufige Fehler

- Reiter zieht den Absatz hoch in der Hoffnung, mehr treibend zu wirken
- Oberkörper fällt beim Übergang nach vorn oder hinten

Korrektur

Grundsitz auch bei Übergängen beibehalten, Hilfengebung bei tiefem Absatz wiederholen und verstärkt einsetzen. Falls kein Erfolg, muss die treibende Hilfe mit leichtem Garteneinsatz unterstützt werden.

Übergänge vom Trab zum Galopp

Der Galopp wird in Links- und Rechtsgalopp unterschieden, wobei wir auf der linken Hand im Linksgalopp und auf der rechten im Rechtsgalopp galoppieren. Ob das Pferd sich im Links- oder Rechtsgalopp befindet, erkennen wir am stärkeren Vorgreifen der entsprechenden Schulter. Greifen das linke Vorderbein und die linke Hinterhand weiter vor als das rechte Beinpaar, galoppiert das Pferd im Linksgalopp oder umgekehrt. Um das Angaloppieren aus dem Trab zu erleichtern, galoppieren wir am Anfang immer in der Ecke oder zur geschlossenen Seite eines Zirkels an. An diesen Stellen in der Bahn fällt es dem Pferd leichter, den richtigen Galopp zu finden und nicht »falsch« oder »außen« anzugaloppieren (das äußere Beinpaar greift weiter vor als das innere Beinpaar).

Angaloppieren

Zum Angaloppieren in den Linksgalopp geben wir folgende Hilfen:

- Halbe Parade am äußeren Zügel
- Mit innerem Zügel leicht den Pferdekopf nach innen stellen, im Beispiel links (siehe Stellung, Seite 90 ff.)
- Vermehrte Belastung des inneren Gesäßknochens
- Treiben mit dem inneren Schenkel, der am Gurt liegt, bei gleichzeitigem Druck am äußeren Schenkel, der eine Handbreit

hinter dem Gurt (verwahrend) zum Einsatz kommt.
- Nachgeben mit der inneren Reiterhand, um dem Pferd das richtige Angaloppieren zu erleichtern.

Häufige Fehler
- Reiter überfällt das Pferd mit der Galopphilfe, sodass das Pferd zu spät oder gar nicht angaloppiert.
- Reiter stellt das Pferd nicht genügend nach innen. Es galoppiert falsch an.

Korrektur
Pferd besser mit halben Paraden vorbereiten. Eventuell mit einem Gertenklaps das Pferd für die kommende Anforderung aufmerksam machen. Nicht in den Galopp hineinjagen. Immer aus einem ruhigen Tempo angaloppieren.
Vor dem Angaloppieren eine Volte reiten. Kurz vor Erreichen des Hufschlags wird angaloppiert, da das Pferd dann besser innen gestellt ist. Aus einem ruhigen Sitz die Hilfe geben, ohne sich zu verkrampfen.

Tempounterschiede innerhalb einer Gangart

Als Anfänger lernen wir zuerst, einen fleißigen Arbeitstrab zu reiten, der nicht zu eilig und auch nicht zu matt sein sollte. Dabei beachten wir, dass jedes Pferd sein individuelles Arbeitstempo im Trab und Galopp je nach seinem Bewegungsablauf besitzt. Bereitet uns das Arbeitstempo keine Sitzprobleme mehr, können wir es steigern und zulegen, wobei das Pferd in seinen Bewegungen nur raumgreifender, aber nicht viel schneller werden sollte. Nach dem Zulegen wird das Pferd wieder mit halben Paraden in das normale Arbeitstempo zurückgeführt.

MEIN TIPP

Das Gefühl, ob das Pferd richtig oder falsch angaloppiert, müssen wir durch viele Wiederholungen entwickeln. Ein Blick auf die Pferdeschultern kann aber eine nützliche Hilfestellung dabei sein.

Zulegen
Zum Zulegen sind folgende Hilfen nötig:
- Vermehrte beidseitiges Treiben mit Kreuz und Schenkel
- Vorgehen mit den Händen ohne Verlust der Verbindung zum Pferdemaul
- Geschmeidiges Mitgehen der Mittelpositur

Häufige Fehler
- Oberkörper geht hinter die Senkrechte, sodass die Balance des Pferdes gestört wird
- Ständiges Klopfen mit dem Unterschenkel, da das Pferd nicht fleißig nach vorn geht

Korrektur
Oberkörper in die Senkrechte bringen, mithilfe der Gerte in Verbindung mit dem Schenkel treibende Wirkung verstärken. Bei gewünschter Reaktion des Pferdes loben nicht vergessen. Wer beim Zulegen in Trab nicht mehr geschmeidig mitschwingt, sollte einfach Leichttraben. Das Pferd ist dankbar, weil dabei sein Rücken geschont wird.

Reiten in Stellung

Beim Geradeausreiten blickt der Kopf des Pferdes geradeaus, indem wir den inneren und den äußeren Zügel gleichmäßig anstehen lassen. Reiten wir in »Stellung«, nehmen wir den inneren Zügel so weit an, dass wir das innere Auge und den inneren Nüsternrand schimmern sehen. Das Pferd gibt im Genick nach und blickt leicht in die entsprechende Richtung. Dabei tritt es durch die leichte Stellung vermehrt an den äußeren Zügel heran.

Viele Reiter übertreiben mit ihrer Handeinwirkung und biegen den ganzen Hals zu einer Seite, sodass unter Umständen die Hinterhand seitlich ausweicht.

Das Pferd ist deutlich im Genick nach links gestellt ohne Biegung im Körper.

Stellung und Biegung in Wendungen

Unter Wendungen sind alle Richtungsänderungen wie das Reiten der Zirkellinie, Volten, Schlangenlinien oder auch das Durchreiten einer Ecke zu verstehen.

Während beim Geradeausreiten die Wirbelsäule des Pferdes vom Kopf bis zum Schweif eine gerade Linie ist, ist die Wirbelsäule in allen Wendungen gleichmäßig entsprechend der gewünschten Linienführung gebogen. Bei einer Wendung nach links liegt der Mittelpunkt des Kreises links, das Pferd ist links gebogen, bei der Rechtswendung befindet sich der Mittelpunkt auf der rechten Seite und das Pferd ist rechts gebogen.

Wird die Wendung richtig ausgeführt, biegt das Pferd seinen Körper so, dass die Hinterbeine genau in die Fußspuren der Vorderbeine treten.

GUT ZU WISSEN

Beim Reiten in Stellung und Biegung darf der Reiter weder den äußeren Zügel noch den äußeren Schenkel vergessen, in Einsatz zu bringen. Nur so kann er ein seitliches Ausweichen der Hinterhand und eine zu starke Abstellung im Hals vermeiden.

Steifheiten abbauen

Viele Pferde biegen sich jedoch schlecht, sodass keine gleichmäßige Biegung durch ihren Körper verläuft. Als Folge spuren die Hinterhufe neben die Spur der Vorderhufe. In der Reitersprache spricht man vom schief gehenden Pferd. Dabei handelt es sich um keine Absicht des Pferdes, sondern zeigt Steifheiten, die im Laufe einer richtigen Ausbildung verschwinden sollten. Außerdem besitzt jedes Pferd durch die gekrümmte Lage im Mutterleib von Natur aus eine natürliche Schiefe. Durch viele Übungen versucht der Reiter diese zu beseitigen.

Hilfen bei der Rechtswendung

Im Folgenden ist die Hilfengebung einer Rechtswendung beschrieben:

- Einleitung der Wendung mit halben Paraden am äußeren Zügel (in diesem Fall links)
- Die Blickwendung des Reiters richtet sich auf die gewünschte Zielrichtung.
- Der innere Zügel wird leicht angenommen und stellt das Genick des Pferdes so weit nach innen, dass von oben das Auge und der innere Nüsternrand zu sehen sind.
- Der äußere Zügel begrenzt die Stellung und hält die äußere Schulter des Pferdes fest.
- Die innere Schulter des Reiters wird entsprechend der Wendung etwas zurückgenommen und die äußere Schulter geht vor (wie auf dem Fahrrad bei einem Richtungswechsel).
- Der innere Gesäßknochen wird vermehrt belastet. Der Reiter sitzt nach innen, ohne in der Hüfte einzuknicken.

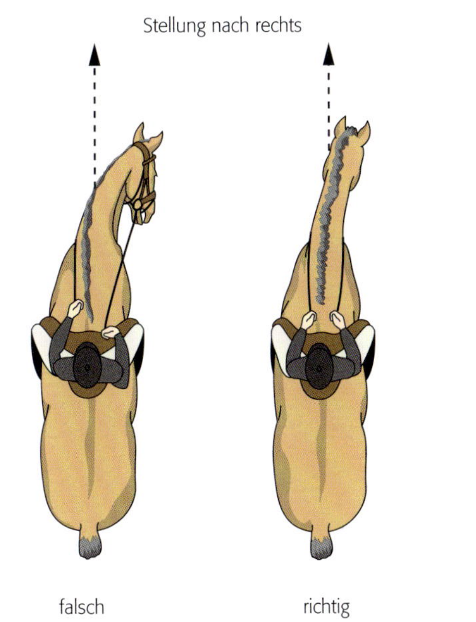

Stellung nach rechts

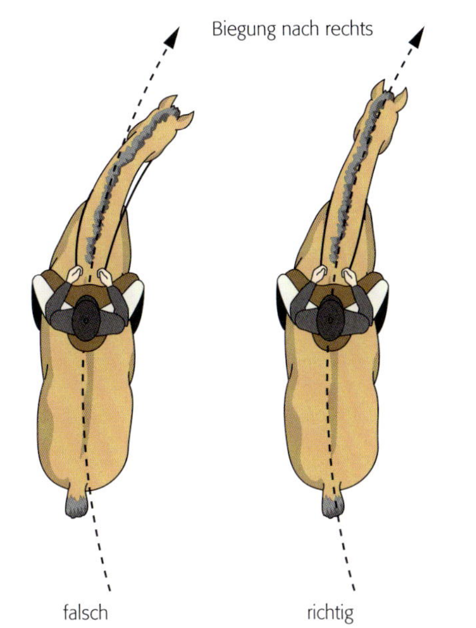

Biegung nach rechts

- Der innere Schenkel wirkt treibend und sorgt für das Untertreten des inneren Hinterbeins.
- Der äußere Schenkel liegt verwahrend eine Handbreit hinter dem Gurt und hält die Hinterhand auf der Spur der Vorhand.

Zur Übung kann man Wendungen nur mit Gewichts- und Schenkelhilfen reiten.
Nach einer Wendung wird das Pferd wieder gerade gerichtet, die Gesäßknochen beidseitig gleichmäßig belastet und beide Unterschenkel liegen wieder gleichmäßig am Sattelgurt. Die Innenstellung wird aufgegeben und das Pferd schaut nach der Wendung geradeaus.

Häufige Fehler

- Die Hinterhand fällt seitlich aus und bleibt nicht in der gewünschten Spur.
- Das Pferd drückt mit der äußeren Schulter nach außen.

Korrektur

- Vermehrter Einsatz der äußeren Zügel- und Schenkelhilfen in Abstimmung mit den inneren Zügel- und Schenkelhilfen.

In der Wendung ist das Pferd nach innen gestellt und in der Längsachse gebogen.

- Pferd nicht nur am inneren Zügel in die Wendung ziehen. Äußere Zügel- und Schenkelhilfen vermehrt einsetzen.

Das Durchreiten einer Ecke

Sobald der Anfänger das eigenständige Reiten in der Bahn erlernt, wird er mit dem Durchreiten von Ecken konfrontiert. Im Schritt lernt er am leichtesten, seine Hilfengebung für die Wendung zu optimieren und sein Gefühl zu schulen. Damit der Bewegungsfluss nicht gestört wird, dürfen Ecken nicht zu tief ausgeritten werden. Die meisten Schulpferde drücken jedoch gegen den inneren Schenkel, um die Ecke abzukürzen.

Die Hilfengebung

Die Hilfengebung beim Durchreiten einer Ecke sieht wie folgt aus:

- Halbe Parade vor der Ecke.
- Gewicht nach innen vermehrt verlagern.
- Der innere Schenkel treibt das Pferd in die Ecke.
- Innerer Zügel gibt leichte Stellung nach innen – äußerer Zügel begrenzt die Stellung und führt in die Ecke.
- Verwahrendes Bein verhindert das Ausweichen der Hinterhand.

Nach Durchreiten der Ecke wird das Pferd sofort wieder geradeaus gestellt und gerade gerichtet. Die meisten Probleme beim Durchreiten der Ecken entstehen, weil der Reiter mit seinem Gewicht nach außen rutscht und/oder in der Hüfte einknickt und der innere Schenkel zu schwach eingesetzt wird.

Grundübungen im Viereck

Eine sehr gute Übung für das Erfühlen des Zusammenspiels der Hilfen ist die Wendung um die Vorhand aus dem Halten.

Vorhandwendung

Je nachdem, auf welcher Hand der Reiter sich befindet, wird die Wendung nach links oder rechts ausgeführt, wobei immer nach außen zur Bande um 180 Grad gewendet wird. Es ist ratsam, nicht direkt auf dem Hufschlag zu stehen, damit das Pferd sich nicht den Kopf an der Bande stößt. Bei der Wendung nach rechts dreht das Pferd um das rechte Vorderbein – bei der Linkswendung um das linke Vorderbein mit seiner Hinterhand. Ein leichtes Zurücktreten des Pferdes ist bei der Ausführung erlaubt.
Zur Übung ist es nicht erforderlich, das Pferd um 180 Grad zu wenden. Man kann auch nach zwei Schritten anhalten und wieder zurück in die Ausgangsposition wenden. Die Vorhandwendung verbessert beim Pferd den Schenkelgehorsam und schult beim Reiter das Zusammenspiel des seitwärtstreibenden und verwahrenden Schenkels.

Die Hilfengebung

Die Hilfengebung bei der Vorhandwendung nach links:

- Ganze Parade zum Halten.
- Korrektur des Grundsitzes.
- Halbe Parade zur Vorbereitung auf die neue Anforderung.
- Zügelmaß eventuell korrigieren und Stellung des Pferdes zu der Seite der Wendung (hier nach links).
- Verwahrender äußerer Zügel begrenzt die Stellung (hier rechter Zügel).
- Gewicht vermehrt belastend auf linken Gesäßknochen.
- Linker Schenkel liegt seitwärtstreibend eine Handbreit hinter dem Gurt und drückt die Hinterhand Schritt für Schritt um die Vorhand herum.
- Rechter Schenkel liegt verwahrend, um ein zu schnelles Wenden der Hinterhand zu verhindern.

Am Ende der Lektion kommt das Pferd wieder zum sicheren Halten.

Häufiger Fehler

Das Pferd geht in der Wendung deutlich nach vorn und wenig seitwärts.

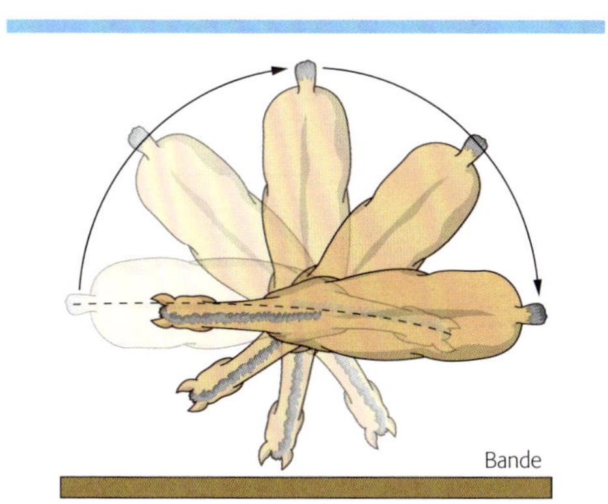

Vorhandwendung rechtsum 180°

Korrektur
Dosierung der Schenkelhilfen überprüfen und das Pferd deutlicher in die Bewegungsrichtung stellen. Dabei versuchen, jeden Schritt sowie das Tempo selbst zu bestimmen.

MEIN TIPP

Nach jeder Lektion sollten wir die Reaktion unseres Pferdes analysieren. Nur wer sich über seine eigenen Fehler klar wird, kann beim nächsten Mal die Hilfen gezielter einsetzen und sich verbessern.

Schenkelweichen

Während bei der Vorhandwendung das Pferd dem seitwärtstreibenden Schenkel aus dem Halten weicht, wird das Schenkelweichen im Schritt geritten. Dabei kann es an verschiedenen Punkten in der Bahn oder auch im Freien ausgeführt werden. Das Pferd bewegt sich vorwärts-seitwärts auf zwei Hufschlägen ohne Biegung, aber mit geringer Stellung entgegen der Bewegungsrichtung. Wie bei der Vorhandwendung lernt der Reiter, den einseitig seitwärtstreibenden Schenkel wirkungsvoll einzusetzen und das Pferd an den äußeren Zügel heranzutreiben.

Die Hilfengebung

Als Beispiel reiten wir auf der rechten Hand und lassen den linken (äußeren) Schenkel an der langen Seite weichen. Die Begrenzung der Bande (man spricht von Schenkelweichen mit Kopf zur Bande) verhindert ein Weglaufen des Pferdes. Nach Durchreiten der zweiten Ecke der kurzen Seite beginnt der Reiter mit seiner Hilfengebung:

- Der äußere (linke) Zügel stellt das Pferd nach außen, der innere (rechte) Zügel begrenzt die Stellung.
- Das Gewicht des Reiters ist vermehrt belastend auf den linken (äußeren) Gesäßknochen.
- Der linke Schenkel treibt das Pferd vorwärts-seitwärts an den rechten verwahrenden Schenkel und Zügel.
- Der rechte Schenkel liegt eine Handbreit verwahrend hinter dem Gurt und begrenzt das Hereinkommen der Hinterhand.

Am Ende der langen Seite wird das Pferd wieder gerade gestellt und auf den Hufschlag mit beidseitigen Schenkel- und Gewichtshilfen geführt.

MEIN TIPP

Am Anfang sollten wir nicht zu viel verlangen. Lieber drei gute Schritte vorwärts-seitwärts als eine misslungene ganze lange Seite.

Viereck verkleinern und vergrößern

Für diese Übung sollte der Reiter das Schenkelweichen an der langen Seite bereits beherrschen, da als Richtungsvorgabe die Bande fehlt. Das Pferd geht dabei vorwärts-seitwärts vom Wechselpunkt aus in Richtung Bahnmitte. Dabei bleibt der Körper des Pferdes fast parallel zur

Bande und das Genick ist gegen die Bewegungsrichtung gestellt.
Nach etwa fünf Metern von der Bande entfernt reitet man eine Pferdelänge geradeaus und stellt das Pferd in die andere Bewegungsrichtung, um mit dem Vergrößern zu beginnen. Auf der Höhe des zweiten Wechselpunktes auf der langen Seite sollte das Pferd wieder an der Bande angekommen sein.

Die Hilfengebung

Die Hilfengebung des Viereckverkleinerns bzw. -vergrößerns auf der linken Hand als Beispiel ist wie folgt:

- Nach Durchreiten der Ecke wird am darauf folgenden Wechselpunkt das Pferd nach rechts (außen) gestellt.
- Der äußere Zügel wird so stark angenommen, wie es die Stellung erfordert.
- Entlang der gedachten Linie wird das Pferd mit dem rechten Schenkel und dem vermehrt belastenden rechten Gesäßknochen fast parallel zur Bande vorwärts-seitwärtsgetrieben.
- Nach 5 m vom Hufschlag kurz vor X stellt der Reiter das Pferd eine Pferdelänge geradeaus.
- Anschließend wird das Pferd nach links (innere Seite der Bahn) gestellt.
- Der linke (innere) Schenkel und der linke, vermehrt belastende Gesäßknochen treiben das Pferd vorwärts-seitwärts auf der diagonal gedachten Linie wieder auf den Hufschlag zum Wechselpunkt vor der zweiten Ecke der langen Seite zurück.

Häufige Fehler

- Der Reiter zieht den Absatz hoch, weil das Pferd den Schenkel nicht annimmt. Das Pferd geht mehr vorwärts als seitwärts.
- Hals des Pferdes zu weit abgestellt, Pferd geht deutlich mit Vorhand voraus.

Korrektur

- Wenn das Pferd nicht genügend auf den Schenkel reagiert, ruhig mit Gerte die Seitwärtsbewegung unterstützen.
- Mehr äußeren Zügel und inneren Schenkel einsetzen. Nicht am inneren Zügel ziehen.

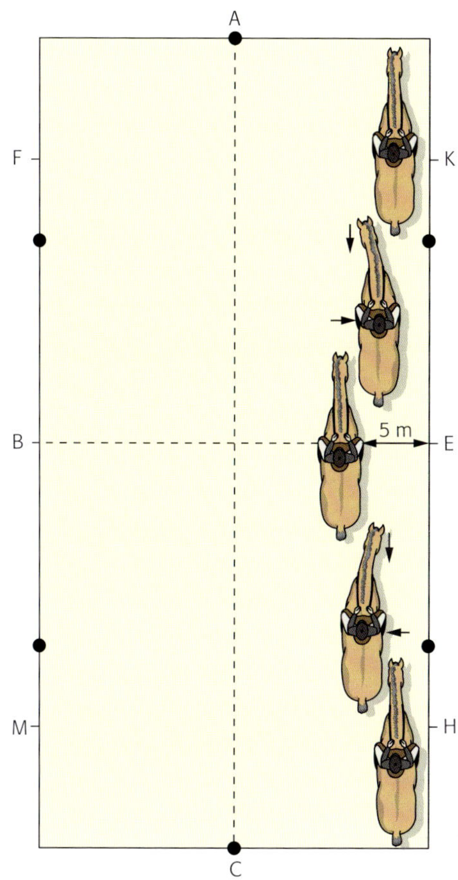

Viereck verkleinern und vergrößern

MEIN TIPP

Bei einseitigen Gewichtshilfen besteht die Gefahr, dass der Reiter in der Hüfte einknickt und dadurch die falsche Seite belastet. Um das zu vermeiden, können wir vorerst beidseitig den Pferderücken belasten und nur mit dem Schenkel die Seitwärtsbewegung beim Pferd bewirken.

Rückwärtsrichten

Beim Rückwärtsrichten tritt das Pferd aus dem Halten drei bis vier Tritte diagonal zurück. Es muss dabei gerade gerichtet mit diagonaler Fußfolge zurücktreten und willig den Reiterhilfen folgen.

Wenn nach dem Rückwärtseinhalten verlangt wird, ist der letzte Tritt ein halber Tritt, damit das Pferd wieder gleichmäßig auf allen vier Beinen steht. In Ruhe ausgeführt, überprüft diese Lektion die Durchlässigkeit und den Gehorsam des Pferdes. Muss der Reiter sein Pferd zum Rückwärtstreten zwingen, ist es für diese Lektion noch nicht durchlässig genug. Mit diagonaler Fußfolge hat es gehorsam rückwärtszutreten, ohne dabei zu kriechen, zu eilen oder seitwärts auszuweichen. Jeder einzelne Tritt sollte vom Reiter bestimmt sein und auch das anschließende Halten sofort umgesetzt werden können. Jedoch dürfen wir das Rückwärtsrichten nicht zu oft verlangen, weil in der Natur das Rückwärtsgehen ein Zeichen für Unterwerfung ist. Rückwärtsrichten erst dann üben, wenn unser Pferd an den Hilfen steht!

Die Hilfengebung

- Beidseitig belastende Gewichtshilfen und vorwärtstreibende Schenkelhilfen treiben das Pferd nach vorn.
- Im Augenblick des Vortretens wirken beide Zügelfäuste annehmend gegen die Vorwärtsbewegung. Der erzeugte Vorwärtsdrang wird durch die durchhaltende Hand in ein Rückwärtstreten umgewandelt.
- Im Moment des Zurückgehens gibt der Reiter mit der Hand etwas nach, ohne dabei die Verbindung zum Pferdemaul zu verlieren.
- Beide Unterschenkel liegen dann verwahrend am Pferdeleib, damit die Hinterhand seitlich nicht ausweichen kann.
- Der Oberkörper kann zur Entlastung des Pferderückens leicht nach vorn geneigt werden.

Häufige Fehler

- Pferd kommt mit Hinterhand in die Bahn.
- Pferd weigert sich rückwärtszutreten und geht deutlich gegen die Reiterhand.

Korrektur

- Mit dem entsprechenden einseitigen Schenkeldruck entgegenwirken.
- Nicht rückwärts ziehen. Lieber von einer Person von unten helfen lassen. Loben nicht vergessen.

MEIN TIPP

Auf dem Hufschlag fällt das Rückwärtstreten anfangs leichter, da das Pferd durch die Bande begrenzt ist.

Aufbau einer Reitstunde

Auf dem Weg zur Reithalle bleiben manche Schulpferde gerne einfach beim Führen stehen, um der Arbeit in der Halle aus dem Weg zu gehen.
In diesen Fall schauen wir das Pferd nicht an und nehmen in die linke Hand eine Gerte, mit der wir die Kruppe berühren. Auch ein schräges Anführen des Pferdes kann helfen.
Nachdem alle Pferde in die Reitbahn geführt und auf der Mittellinie parallel zur kurzen Seite aufgestellt wurden, kann aufgesessen werden.

Die Abteilung

Der Reitlehrer bildet eine Abteilung, die dem Anfänger die ersten Stunden erleichtert. Die Pferde laufen durch den Herdentrieb gerne hintereinander her, sodass die Reiter weniger mit der Richtungsänderung beschäftigt sind.

Die Einteilung

Am Anfang einer Abteilung reitet der beste Reiter, der für das richtige Tempo und die korrekten Hufschlagfiguren verantwortlich ist. Der Anfangsreiter wird auch Tetenreiter genannt.
Nach dessen Bekanntgabe hebt dieser den rechten Arm und ruft laut und verständlich für alle Reiter: »Anfang hier.« Mit dem Kommando »Auf der rechten/linken Hand in Schritt Abteilung bilden« gibt der Reitlehrer die gewünschte Hand vor. Anschließend wird er die anderen Schüler in Reihenfolge einreihen und die Abteilung herstellen.

In der Abteilung kann der Anfänger sich leichter auf seinen Sitz konzentrieren.

Der Aufbau einer Reitstunde besteht in der Regel aus folgenden drei Phasen:
1. Lösungsphase
2. Arbeitsphase
3. Entspannungsphase
Die Länge der einzelnen Phasen und die einzelnen Übungen passt der Reitlehrer dem Ausbildungsstand, Trainingszustand und dem Alter von Reiter und Pferd entsprechend an. Anfänger werden ihre ersten Erfahrungen in der Abteilung sammeln und Fortgeschrittene schon gleich einzeln reiten. An erster Stelle steht immer die Sicherheit von Reiter und Pferd. Sie ist entscheidend, ob der Unterricht im Freien, in der Halle, in der Abteilung oder einzeln stattfindet.

Die Lösungsphase

Am Anfang jeder Reitstunde wird ca. 10 Minuten Schritt am langen oder hingegebenen Zügel (Reiter fasst nur die Schnalle des Zügels an) geritten, um die Gelenke des Pferdes aufzuwärmen und es an die Reitbahn und einen eventuell neuen Reiter zu gewöhnen. Auch der Reiter sollte die Möglichkeit nutzen, gedanklich von seinem Alltag abzuschalten. Der Reitlehrer achtet bei der Schrittarbeit auf ein fleißiges energisches Abfußen und Schreiten der Pferde. Die Pferde sollen weder davoneilen noch matt durch die Halle gehen.
Ist der Ausbildungsstand von Reiter und Pferd schon fortgeschritten, kann nach einiger Zeit mit einzelnen lösenden Übungen im Schritt wie Vorhandwendung, Viereck verkleinern und vergrößern begonnen werden. Nach der ersten Aufwärmphase lässt der Lehrer die Zügel aufnehmen und antraben. Da dem Anfänger das Gefühl für das richtige Zügelmaß noch fehlt, achtet er peinlich darauf, dass die Zügel nicht zu lang (keine Einwirkung auf Richtung) oder zu kurz (Pferd fühlt sich durch starke Reiterhand gebremst) gehalten werden. Um die gewünschte Losgelassenheit zu erreichen, werden die Pferde leichtgetrabt. Die Dauer der Lösungsphase hängt natürlich auch vom Ausbildungsstand und vom Temperament des Tieres ab. Nervige Pferde benötigen oft etwas mehr Zeit in der Lösungsphase; faule Pferde dürfen nicht zu lange gelöst werden, um ihre Motivation und Gehfreude zu erhalten. Sind Balance und Losgelassenheit bei Pferd und Reiter vorhanden, kann die nächste Phase beginnen.

Im Trab wird das Pferd in der Lösungsphase »vorwärts-abwärts« geritten. Dabei dehnt sich das Pferd mit dem Hals nach unten und sucht die weiche Verbindung zur Reiterhand.

Die Arbeitsphase

In dieser Phase von ca. 20 Minuten wird Altes wiederholt und abgesichert und Neues erlernt.

Beispiele

- Gangartwechsel zwischen Schritt und Trab
- Wechsel zwischen Trab und Galopp
- Tempounterschiede im Trab und Galopp
- Verschiedene Wendungen und Hufschlagfiguren

Gerade nach einer längeren Trab- oder Galopparbeit sind immer wieder Schrittpausen für das Pferd einzulegen. »Das ruhige Pferd wird durch Pausen motiviert und das nervöse Pferd beruhigt!«, so Richard Hinrichs, der viele charakterlich unterschiedliche Pferde ausgebildet hat.

Die Entspannungsphase

Eine Reitstunde endet mit der Entspannungsphase. Man lässt im Trab noch einmal die Zügel aus der Hand kauen und beendet die Stunde möglichst mit einem Erfolgserlebnis für Pferd und Reiter.

Anschließend werden zur Entspannung und zur Beruhigung der Atmung die Zügel im Schritt hingegeben. Solange das Fell nass geschwitzt ist, reiten wir unser Pferd »trocken«, um Erkältungskrankheiten zu vermeiden. Zur Abwechslung für Reiter und Pferd kann die Entspannungsphase auch mit einem kleinen Ausritt verbunden werden. Eine Reitstunde sollte in der Regel nicht länger als 60 Minuten dauern, weil eine Übermüdung sich negativ sowohl beim Pferd als auch beim Reiter auswirkt. Auch am Ende einer Stunde sollten wir das Loben nicht vergessen. Wir sprechen ein freundliches »braaav« und klopfen das Pferd am Hals oder kraulen den Widerrist. Ein Leckerli als Belohnung ist ebenso willkommen.

Ein kleiner Ausritt am Schluss wirkt entspannend für Pferd und Reiter.

Die Grundgangarten

Wer richtig reiten lernen will, sollte den Bewegungsablauf des Pferdes in allen drei Grundgangarten kennen. Nur so kann der Reiter seine Hilfengebung optimieren und Fehler im Bewegungsablauf des Pferdes erkennen und diese gegebenenfalls korrigieren.

Der Schritt

Der Schritt ist eine schreitende Gangart im Viertakt ohne Schwebephase. Das heißt, dass in keiner Phase des Bewegungsablaufes alle vier Füße gleichzeitig in der Luft sind. Die Fußfolge ist in der Reihenfolge links vorne – rechts hinten – rechts vorne – links hinten, wobei die Bewegungen sich ein wenig überlappen. Das Vorderbein und gleichseitige Hinterbein dürfen nie gleichzeitig abfußen. Für einen kurzen Augenblick kann der Betrachter ein »V« im gleichseitigen Beinpaar erkennen, da das nach vorn tretende Hinterbein im Moment des Vorgehens den gleichseitigen Vorderhuf fast berührt. In jeder Phase des Schritts muss sich das Pferd vertrauensvoll an die Reiterhand dehnen. Zu starke Handeinwirkung, die die natürliche Nickbewegung des Pferdes nicht herauslässt, führt fast immer zu Taktstörungen wie zum Beispiel dem Pass. Hier fußen die Beinpaare gleichseitig und gleichzeitig ab. Im Schritt sitzt der Reiter losgelassen auf beiden Gesäßknochen und treibt mit seinen Schenkeln wechselseitig auf das entsprechend abfußende Hinterbein.
Das hört sich schwierig an, ist es aber nicht. Bei einem geschmeidigen Sitz wird automatisch der Schenkel an den Rumpf des Pferdes gedrückt, wenn das entsprechende Hinterbein nach vorn tritt.

Die unterschiedlichen Tempi

Der Schritt unterscheidet sich nach folgendem Gangmaß (Tempi):

Mittelschritt

Die Hinterhufe greifen ca. ein bis zwei Hufbreit über die Spur der Vorderhufe. Er ist sozusagen der natürliche Schritt, der die Grundlage bildet und in der Grundausbildung geritten wird.

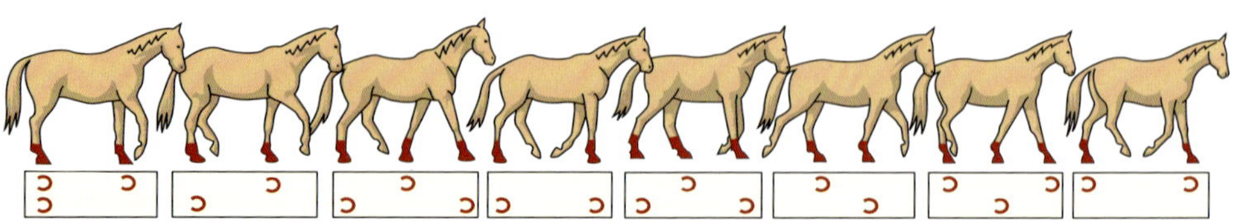

Die Fußfolge im Schritt

Starker Schritt

Durch vermehrten Einsatz der treibenden Hilfen treten die Hinterhufe noch deutlicher über die Spur der Vorderhufe bei maximalem Fleiß des Pferdes und Raumgewinn.

Versammelter Schritt

Die Hinterbeine treten höchstens in die Spur der Vorderhufe. Das Pferd trägt den Kopf erhabener und seine Stirnlinie steht fast an der Senkrechten. Die Schritte wirken erhabener auf den Betrachter. Durch vermehrte Versammlung des Pferdes wird dieser Schritt im Laufe der Pferdeausbildung erarbeitet.

GUT ZU WISSEN

Zu lange Schrittarbeit am Zügel behindert den natürlichen Vor- und Übertritt der Hinterbeine. Deshalb sollten wir immer wieder die Zügel hingeben oder am langen Zügel reiten.

Trab

Der Trab ist eine schwunghafte Gangart im Zweitakt, die aus einer Folge von diagonalen Tritten besteht. Ein diagonales Beinpaar wird gleichzeitig nach vorn geführt und etwas später aufgesetzt, als das andere diagonale Beinpaar abfußt. So entsteht für einen kurzen Augenblick eine freie Schwebephase. Der Reiter sitzt im Trab gleichmäßig auf beiden Gesäßknochen und hält mit seinen Unterschenkeln einen leichten Kontakt zum Pferdeleib. Je nach gewünschtem Tempo wird der Schenkeldruck erhöht oder verringert. Die Zügelhilfen wirken entsprechend entweder annehmend, nachgebend oder halten

Hingegebener Zügel: Die Reiterin fasst nur die Schnalle des Zügels an.

Langer Zügel: Die Reiterin behält eine ganz leichte Verbindung zum Pferdemaul.

einfach nur eine ruhige, weiche Verbindung zum Pferdemaul. Taktfehler im Trab treten auf, wenn der Reiter mit zu viel Handeinwirkung reitet oder das Pferd Schmerzen verspürt.

Die unterschiedlichen Tempi

Auch hier werden die Tempi unterschieden in:

Arbeitstrab

In der Grundausbildung eines Reiters und eines Pferdes ist der Arbeitstrab das Grundtempo. Es soll fleißig, aber nicht eilig sein. Die aktive Hinterhand des Pferdes tritt taktmäßig ungefähr in die Spur der Vorderbeine. Jedes Pferd besitzt jedoch einen ganz individuellen Bewegungsablauf, sodass es erhebliche Unterschiede im Raumgewinn gibt.

Mitteltrab

Ohne in der Trittfolge eiliger zu werden, gewinnt das Pferd mehr Boden und erreicht einen größeren Raumgriff. Dieser kommt durch ein kräftiges fleißiges Abfußen der Hinterbeine, die vermehrt unter den Schwerpunkt treten, zustande. Dabei werden die Bewegungen der Vorderbeine aus der Schulter freier. Die Nasen-Stirn-Linie kommt leicht vor die Senkrechte und das Pferd dehnt sich an die Reiterhand heran. Es erweitert dadurch seinen eigenen Rahmen. In der Reitersprache wird von der gewünschten Rahmenerweiterung gesprochen.

Tritte verlängern

Als Vorstufe des Mitteltrabs dient das Tritteverlängern. Das Pferd wird für kurze Reprisen aufgefordert, den Raumgriff zu erhöhen. Dabei kommen die treibenden Hilfen zum Einsatz und die Hand gibt leicht nach, um das Pferd nicht in der Schwungentfaltung zu stören. Häufiger Wechsel zwischen Arbeitstrab und Tritteverlängern führt zur Aktivierung der Hinterbeine und längerfristig zum Erreichen eines Mitteltrabs.

MEIN TIPP

Als Anfänger sollten wir mit einem Verlängern der Tritte zufrieden sein. Dabei haben wir darauf zu achten, dass das Pferd keine Taktstörungen macht und sich an unsere Reiterhand herandehnt.

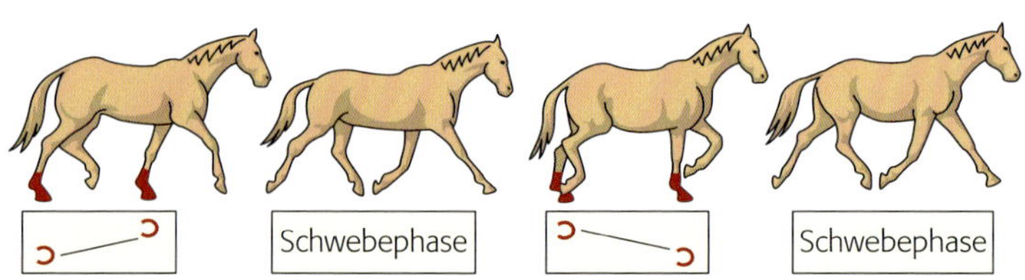

Die Fußfolge im Trab

Versammelter Trab

Die Hinterbeine sind in den Gelenken stärker gebeugt und treten vermehrt unter den Schwerpunkt des Pferdes. Dabei dürfen sie höchstens in die Spur der Vorderhufe treten. Dadurch verkürzt sich das Tempo bei weiterhin aktivem Abfußen. Das Pferd richtet sich im Hals mehr auf, und die Tritte gewinnen an Ausdruck. Der versammelte Trab kann nur geritten werden, wenn der Reiter das Zusammenspiel der Hilfen beherrscht und das Pferd sicher an den treibenden Hilfen steht. Viele Übergänge zwischen den Gangarten und das Reiten von unterschiedlichem Tempo erhöhen die Lastaufnahme der Hinterhand und somit auch die Versammlung.

Starker Trab

Der starke Trab ist die höchste Steigerung der Vorwärtsbewegung im Trab. Das Pferd fußt deutlich über die Spur seiner Vorderhufe. Auch hier muss die Nasen-Stirn-Linie des Pferdes vor die Senkrechte kommen, damit die gewünschte Rahmenerweiterung erreicht wird.
Ein guter starker Trab gehört schon zu den schwereren Lektionen und kann nur gelingen, wenn das Pferd genügend gekräftigt und in der Versammlung weit gefördert ist.

Audrucksvoller, starker Trab mit energisch abfußender Hinterhand und guter Rahmenerweiterung

Galopp

Der Galopp ist wie der Trab eine schwungvolle Gangart und besteht aus aufeinanderfolgenden Sprüngen. Der einzelne Galoppsprung vollzieht sich in drei Takten mit einer Schwebephase zwischen den einzelnen Sprüngen, bei der alle vier Füße in der Luft sind. Es wird zwischen Rechts- und Linksgalopp unterschieden, wobei im Rechtsgalopp das rechte und im Linksgalopp das linke Beinpaar weiter vorgreift.
Die Fußfolge sieht wie folgt aus: äußeres Hinterbein – gleichzeitig inneres Hinterbein mit äußerem Vorderbein – inneres Vorderbein und zuletzt die Schwebephase. Auf der rechten Hand galoppiert das Pferd im Rechtsgalopp, auf der linken im Linksgalopp.
Zeigt das Pferd zum Beispiel vorne Linksgalopp und hinten Rechtsgalopp, spricht man von Kreuzgalopp, der sofort korrigiert werden muss. Hat der Reiter das Gefühl entwickelt, wie sich der richtige Handgalopp anfühlt, merkt er sehr schnell, wenn sein Pferd falsch galoppiert. Er pariert zum Trab und galoppiert an geeigneter Stelle wieder neu an. Der Reiter sitzt im Galopp auch im Geradeaus vermehrt mit einseitig nach innen belastender Gewichtshilfe und treibt mit dem inneren Schenkel entsprechend seinem gewünschten Tempo jeden Galoppsprung im Takt des Pferdes. Der äußere Schenkel wird leicht verwahrend hinter dem Gurt eingesetzt, um ein seitliches Ausfallen der Hinterhand zu begrenzen und in Wendungen unterstützend einzuwirken.
Dabei geht er geschmeidig in die Bewegung ein und bleibt mit den Gesäßknochen fest am Sattel kleben.

Die unterschiedlichen Tempi

Auch im Galopp werden die Tempi Arbeitsgalopp, Mittelgalopp, versammelter Galopp und starker Galopp unterschieden.

Der Arbeitsgalopp

Der Arbeitsgalopp ist die Grundlage für alle weiteren Tempi. Er sollte fleißig, gleichmäßig im deutlichen Dreitakt in Bergauftendenz und Schwebephase gesprungen werden. Der Anfänger galoppiert nur im Arbeitsgalopp, weil er mit der Beeinflussung des Galoppsprungs noch völlig überfordert ist. Erst wenn er ausbalanciert und geschmeidig auf dem Pferde-

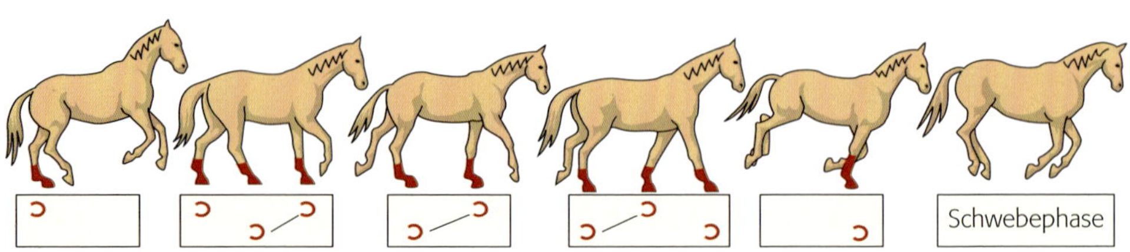

Die Fußfolge im Rechtsgalopp

rücken in allen drei Gangarten sitzt, kann er das Tempo erhöhen.

Der Mittelgalopp

Eine Vorstufe des Mittelgalopps ist das Verlängern der Galoppsprünge. Die weitere Steigerung ist der Mittelgalopp mit noch raumgreifenderen Sprüngen bei entsprechender Rahmenerweiterung.

Der versammelte Galopp

Die Hinterbeine nehmen mehr Last auf und das Pferd springt deutlicher unter seinen Schwerpunkt. Dadurch springt es mehr bergauf und die Sprünge werden erhabener. Versucht der Reiter, den Galopp nur mit der Hand und zu wenig treibenden Hilfen zu versammeln, sind Taktprobleme die Folge. Der Galopp ist gerade in der Versammlung recht störanfällig, wobei das innere Hinterbein und das äußere Vorderbein nicht mehr gleichzeitig auffußen. So wird aus dem Dreitakt schnell ein Viertakt. Dieses Problem entsteht aber in der Regel nur, wenn der Reiter zu wenig getrieben und die Reiterhand zu stark rückwärtsgewirkt hat.
Ein noch unerfahrener Reiter sollte das Gefühl für Versammlung entwickeln, indem er häufig aus dem Schritt angaloppiert. Denn beim Einspringen in den Galopp ist der erste Galoppsprung meist erhabener. Die Versammlung geht aber ohne entsprechende reiterliche Unterstützung spätestens nach dem dritten Galoppsprung verloren. Übung macht auch hier den Meister!

Starker Galopp

Im starken Galopp wird der größte Raumgewinn erreicht.
Auch hier muss eine deutliche Rahmenerweiterung erkennbar sein und das Pferd sich willig an die Reiterhand dehnen. Für einen korrekten starken Galopp ist sehr viel Kraft in der Hinterhand nötig, sodass er nur in schweren Dressurprüfungen auf Turnieren verlangt wird.

Im Dreitakt gesprungener Arbeitsgalopp, bei dem das Pferd mit der Hinterhand unter den Schwerpunkt fußt

Versammelter Galopp mit deutlicher Bergauftendenz

Voraussetzungen zum Reiten über Hindernisse

Vor Beginn des Springunterrichts erlernt der Reitanfänger den leichten Sitz in verschiedenen Abstufungen. Sowohl an der Longe, in der Dressurstunde als auch im Gelände kann dieser geübt und gefestigt werden. Kleine Buckler müssen problemlos ausgesessen werden, ohne das Gleichgewicht zu verlieren und zu stürzen.

Was Pferd und Reiter können müssen

Ein ausbalancierter Sitz ist im Springen Grundvoraussetzung. Ansonsten würden wir uns selbst gefährden oder das Pferd unnötig über dem Sprung stören. Zum Anfang eignet sich am besten ein erfahrenes, gut regulierbares und springfreudiges Pferd. Gerade zu Beginn müssen wir uns auf das Pferd verlassen können, weil wir viel zu sehr mit anderen Dingen noch beschäftigt sind.

Eine gute Vorübung für das Springen: Reiten über Cavaletti

Reiten über Cavaletti und kleine Sprünge

Bevor einzelne Sprünge gesprungen werden, sollten am Boden liegende Cavaletti sicher und harmonisch überwunden werden. Das Cavaletto besteht aus einer Stange, die an den äußeren Seiten durch ein Holzkreuz getragen wird. Stolpert das Pferd, fallen die Bodenricks um, während einzelne Stangen gerne wegrollen und dann gefährlich werden.

In verschiedenen Gangarten

Zuerst wird im Schritt, dann im Trab und später auch im Galopp über die Ricks geritten. Dabei nimmt der Reiter seinen leichten Sitz ein und versucht, genau in der Mitte die Cavaletti zu überqueren.
Er sitzt im Entlastungssitz und geht mit der Hand in Richtung Pferdemaul vor. Während des Überquerens spürt er, wie das Pferd den Rücken wölbt und sich nach vorn an die Hand dehnt. Das Pferd bleibt während der gestellten Aufgabe im gleichen Grundtempo. Der Reitlehrer stellt die Abstände der einzelnen Cavaletti entsprechend der Gangart und dem Gangmaß des Pferdes ein.
Als Faustregel gilt: im Schritt 80 cm, im Trab 1,30 m und im Galopp 3,00 m.

Die ersten Steilsprünge

Wenn alles gut klappt und wir uns sicher fühlen, können die ersten kleinen Steilsprünge gesprungen werden. Zur Hilfe legt der erfahrene Reitlehrer vor den Sprung eine Absprungstange, die dem Schüler das Taxieren des Sprungs und den richtigen Absprung erleichtert.

Den Absprung finden

Das korrekte Anreiten und den richtigen Absprung zu finden bereitet in der Regel wesentlich mehr Schwierigkeiten als das Überwinden eines einzelnen Sprungs. Unerfahrene Reiter sollten deshalb das erfahrene Pferd den Absprung finden lassen. Über dem Sprung geht der Reiter mit seinem Oberkörper vor, sodass sein Schwerpunkt mit dem Schwerpunkt des Pferdes übereinstimmt. Die Reiterhand steht links und rechts vom Pferdehals und lässt durch Nachgeben die nötige Dehnung des Pferdehalses zu. Durch federnde Hüft-, Knie- und Fußgelenke fängt er den Schwung ab, damit das Pferd nicht gestört wird. Wenn wir genügend Sicherheit bekommen haben, genießen wir das Gefühl, »über die Sprünge zu fliegen«.

GUT ZU WISSEN

Auch wenn der eine oder andere es ungern hört: Ohne eine fundierte Ausbildung in der Dressur werden wir nie richtig Springen lernen.

Die Reiterin trifft genau die Mitte des Hindernisses und gibt mit deutlich vorgehender Reiterhand nach, um das Pferd nicht zu stören.

Die Anforderungen steigern

Sind Cavaletti und das Überwinden von einem kleinen Steilsprung mit Vorlegstange kein Problem, können die Anforderungen gesteigert werden. Zuerst werden vertraute Elemente mit neuen Sprüngen verbunden, um keine Angst aufkommen zu lassen.

Dabei können vor und hinter den Sprung mehrere Cavaletti gelegt werden (kleine Springreihe). Diese veranlassen das Pferd, aufzupassen und nicht einfach über das Hindernis zu stürmen. Der Reiter fördert dabei sein Rhythmusgefühl und festigt seinen leichten Sitz, da er ständig in die Bewegung seines Pferdes eingehen muss.

Die ersten Parcours

Ein geübter Reiter wird auf das zu überwindende Hindernis blicken, während der Anfänger seinen Blick immer auf die Absprungstange richten sollte. Das Gefühl für den richtigen Absprung, der später für das fehlerfreie Überwinden eines Parcours nötig ist, muss mit vielen Sprüngen hart erarbeitet werden. Selbst bei Profis gibt es immer wieder Situationen, bei denen der Absprung gar nicht stimmt. Dann ist es aus Sicherheitsgründen besser, das Pferd verweigern zu lassen und den Sprung noch einmal neu anzureiten. Sind die einzelnen Sprünge für den Reiter kein Problem mehr, kann am Ende der Reitlehrer einen kleinen Parcours springen lassen. Der Reiter hat sich diesen genau einzuprägen, damit er später seine volle Konzentration den Sprüngen widmen kann. Dabei ist es besonders wichtig, dass der Reiter das richtige Grundtempo wählt und jeden Sprung in der Mitte anreitet. Am Ende des Parcours wird durchpariert und das Pferd gelobt. »Gegen die Uhr«, also schnellstmöglich, den Parcours absolvieren sollte nur derjenige, der in seinem Sitz gefestigt ist, die Sprünge korrekt und passend anreitet und das Tempo in jeder Phase regulieren kann.

Die Reiterin blickt schon über den Sprung zum nächsten Hindernis.

Springen ohne Zügel fördert den Sitz und das Bewegungsgefühl.

Das Reiten im Gelände

Kann der Reiter sicher die Balance in allen drei Grundgangarten halten und ist sein Grundsitz gefestigt, steht einem Ausritt nichts mehr im Wege. Ohne sportlichen Leistungsdruck kann er sich »hoch zu Ross« an der Natur erfreuen.

Sicherheit geht immer vor

Der Ausritt darf natürlich nur auf geübten Pferden und in Begleitung mit einem erfahrenen Reiter geschehen. Wir sollten nie ohne Begleitung ausreiten, denn das Herdentier Pferd ist allein wesentlich unsicherer und leichter von Umwelteinflüssen zu beeindrucken. Auch die Mitnahme eines Handys hilft nicht!

Verständigungszeichen

Reiten wir in einer Gruppe von mehreren Reitern, gibt es Zeichen für die allgemeine Verständigung.

Hebt zum Beispiel der erste Reiter die Hand hoch, müssen alle Reiter zum Schritt oder Halten durchparieren. So kann auch der letzte Reiter in der Abteilung sein Pferd vorbereiten und verhindert das Aufreiten auf den Vordermann. Richtungswechsel werden vom Anfangs- und vom Schlussreiter mit jeweils ausgestrecktem Arm in die entsprechende Richtung angezeigt. Achten wir immer auf genügend Abstand zum Vordermann, damit dieser nicht gestört wird!

Der Ablauf eines Ausritts

Ein Ausritt beginnt ebenso wie die Arbeit auf dem Viereck immer mit zehn Minuten Schritt. In

Im Gelände kann auch etwas flotter galoppiert werden.

der Lösungsphase wird eine längere Trabstrecke im Leichttraben mit Fußwechsel geritten. Erst dann folgt der erste Galopp. Das Tempo ist im Gelände in der Regel flotter als in der Halle, sodass das Durchparieren zum Schritt schwieriger wird. Beruhigen wir das Pferd mit der Stimme und vermeiden harte Paraden oder feste Zügelanzüge, die das Pferd noch nervöser machen würden. Wenn die Gegebenheiten vorhanden sind, wenden wir seitlich ab und beruhigen das Pferd auf einem kleinen Zirkel, ohne uns zu weit von den anderen Pferden zu entfernen. In der Biegung lässt sich jedes Pferd besser kontrollieren und durchparieren.

Im Gelände werden Trab- und Galoppstrecken variiert, damit die Pferde nicht selbst Tempo und Gangart bestimmen. Da die meisten Pferde gerne wieder in den Stall zurückkehren, darf auf dem Heimweg nicht galoppiert werden. Am Ende eines Ausritts wird wieder Schritt geritten, damit das Pferd trocken und mit ruhiger Atmung in den Stall kommen kann.

Bergauf – bergab

Steile Hänge werden im Entlastungssitz geritten, um dem Pferd den Aufstieg zu erleichtern. Pferde erhöhen dabei gerne das Tempo und bevorzugen auch manchmal den Galopp. Der Reiter neigt den Oberkörper nach vorne und passt sich dem Bewegungsablauf an. Bei besonders steilen Hängen legt er beide Hände um den Hals, um das Pferd nicht im Maul zu stören.

Auch nach einem Ausritt müssen die Pferde entspannt in den Stall zurückkehren.

Bergab wählt er den senkrechten Weg nach unten und sitzt ebenso im Entlastungssitz. Nur bei sehr starker Hangneigung wird der Oberkörper etwas zurückgenommen, ohne schwer im Sattel Platz zu nehmen. Trotz Entlastungssitz ist das Pferd an den Hilfen zu behalten und in einem gleichmäßigen Tempo zu reiten.

Gute Kondition ist erforderlich

Das ständige Anpassen an den unterschiedlichen Schwerpunkt des Pferdes im Gelände ist gerade am Anfang recht anstrengend.
Der gute Ausbilder wird dafür sorgen, dass der erste Ausritt der Kondition des Reiters und natürlich auch der des Pferdes angepasst ist. Ein längerer Ritt fördert den Sitz auch ohne Korrektur, da die Losgelassenheit geschult wird, sofern der Reiter angstfrei auf dem Pferd sitzt. Geschmeidiges Mitgehen in den Bewegungsablauf, die Balance auch bergauf und bergab zu halten, wird automatisch gefördert.

GUT ZU WISSEN

Reiten im Gelände fördert einen geschmeidigen Sitz und ist auch für das Pferd eine willkommene Abwechslung! Wir dürfen aber nie vergessen: Das Pferd verrichtet die meiste Arbeit. Deshalb gönnen wir ihm immer wieder Schrittpausen zur Erholung!

Reiter als Verkehrsteilnehmer

Bei einem Ausritt müssen oft Straßen überquert oder entlanggeritten werden, um das nächstgelegene Waldstück zu erreichen. Dabei müssen wir uns an die Regeln der Straßenverkehrsordnung halten.

Die wichtigsten Regeln

Hier sind die wichtigsten Regeln für den Straßenverkehr aufgeführt:

Beim Bergauf- und Bergabklettern sitzt der Reiter im Entlastungssitz, um den Pferderücken zu entlasten und mit dem Pferd im Gleichgewicht zu sein.

- Reiter werden von der Straßenverkehrsordnung den langsamen Fahrzeugen gleichgestellt. Deshalb ist der äußerst rechte Fahrbahnrand zu benutzen.
- Ausschließlich für Reiter gekennzeichnete Wege sind durch ein blaues Schild mit einem weißen Reiter markiert.
- Im Straßenverkehr ist eine Richtungsänderung mit Handzeichen anzuzeigen.
- Reiter müssen in der Dämmerung auf öffentlichen Wegen ausreichend beleuchtet sein, damit sie früh genug für andere Verkehrsteilnehmer erkennbar sind.
- Mehrere Reiter (sechs bis zwölf Pferde) sollen einen Verbund in Zweierreihen bilden. Ruhigere, erfahrene Pferde gehen am Anfang und an der dem Verkehr zu gewandten Seite.
- Unsichere Pferde gehören zur Sicherheit aller nicht in den Straßenverkehr.

Verhaltensregeln in der Natur

Nicht nur der Reiter sucht Erholung und Spaß in der freien Natur. Deshalb gelten folgende Verhaltensregeln:

- Der Reiter muss immer auf den Wegen bleiben und hat auf frisch eingesäten Äckern und Biotopen nichts verloren.
- Wenn wir jemandem begegnen, parieren wir sofort zum Schritt und grüßen freundlich.
- Sind die Bodenverhältnisse sehr weich, ist es besser, wenn wir eine andere Strecke wählen, damit der Flurschaden begrenzt bleibt.
- Das gewählte Tempo ist den Bodenverhältnissen zur eigenen Sicherheit und zur Gesunderhaltung des Pferdes anzupassen.
- Gepflasterte Wege und asphaltierte Straßen sind zur Schonung der Pferdebeine im Schritt zu reiten.

Korrektes Reiten auf der rechten Straßenseite

Problemreaktionen des Pferdes

Zu oft verstehen wir das Verhalten des Pferdes nicht, weil wir es nur aus unserer eigenen Sichtweise wahrnehmen. Ungewollte Reaktionen werden fälschlicherweise als Bosheit, Respektlosigkeit, Spinnerei oder Sturheit interpretiert. Wir vergessen dabei, dass das Pferd ein Fluchttier ist und viele Verhaltensweisen wie zum Beispiel Scheuen, Kleben oder Durchgehen in der Natur lebensrettend für das Tier sein können.

Das angeborene Verhalten

Auch wenn diese Reaktionen für uns Reiter unangenehm oder sogar gefährlich sind, müssen wir uns klar werden, dass das Verhalten angeboren und die Ursachen meist Angst und mangelndes Vertrauen sind. Ebenso werden reiterliche Fehler oft mit Widersetzlichkeiten quittiert, um sich der Überforderung oder eventuellen Schmerzen zu entziehen. Das Pferd wird zum »Problempferd«, weil niemand sich Gedanken um seine Psyche gemacht hat.

Gelehrige »Widersetzlinge«

Natürlich dürfen wir nicht jedes Problem eines Schulpferdes mit Angst oder mangelndem Vertrauen rechtfertigen. Nein, diese haben oft die Nase voll davon, jeden Tag mit Anfängern mehrere Stunden im Kreis zu laufen. Sie versuchen, sich zu schonen und der Arbeit zu entfliehen. Dabei sind dem Einfallsreichtum keine Grenzen gesetzt. Aus der Sicht des Pferdes ist es sicherlich klug, seine Energie nicht zu vergeuden, für den Reitschüler aber oft nicht ganz einfach, das Pferd zur Mitarbeit zu bewegen. Selbstverständlich gibt es auch Pferde, die frech, schwierig und ungehorsam sind. Sie haben meist durch mangelndes Durchsetzungsvermögen des Reiters gelernt, sich den Reiterhilfen zu entziehen, und haben zum Teil sogar Spaß daran, den Reiter zu ärgern. Die meisten Problemreaktionen entstehen jedoch aus Angst, Unverständnis oder mangelndem Vertrauen.

Ursachen – Lösungsansätze

Kleben

Das Pferd entfernt sich trotz eindeutiger Hilfengebung nicht von der Abteilung. Es klebt an seinen Artgenossen.

- **Ursachen:** Kleben entsteht durch einen ausgeprägten Herdentrieb, Angst vor dem Alleinsein, bei Schulpferden oft durch den Wunsch, sich zu schonen.
- **Richtige Reaktion:** Bei Ungehorsam Hilfengebung verstärken und das Pferd überzeugen, die Hilfen anzunehmen und sich von der Abteilung zu entfernen. Gegebenenfalls Gerte und Sporn einsetzen. Bei gewünschtem Verhalten Pferd sofort loben.

Klebt jedoch ein unerfahrenes Pferd aus Unsicherheit an seinen Artgenossen, ist das Entfernen schrittweise mithilfe eines Führpferdes zu üben. Das Vertrauen zum Reiter ist zu verbessern, alternativ Führtraining.

Kopfschlagen

Ein Pferd schlägt ständig mit dem Kopf und drückt mit aller Kraft gegen das Reitergebiss.

- **Ursachen:** Die grobe Handeinwirkung wird vom Pferd nicht toleriert und bereitet Schmerzen. Ist dies ausgeschlossen, kommen gesundheitliche Probleme wie Zahn- oder Rückenschmerzen infrage.
- **Richtige Reaktion:** Mit Hilfszügeln, zum Beispiel Ausbindern, reiten und eine weiche Handeinwirkung erlernen. Dabei mehr vorwärtsreiten. Bei körperlichen Ursachen Tierarzt rufen.

Bocken und Buckeln

Pferd ist am Anfang einer Reitstunde frech und nutzt jede Gelegenheit, sich abzulenken. Es macht Luftsprünge (bockt) oder galoppiert einfach ohne ersichtlichen Grund davon.

- **Ursache:** Durch Bocken drückt das Pferd seine Freude aus, den Stall endlich verlassen zu dürfen. 23 Stunden Stallaufenthalt führen zu Bewegungsmangel und Übermut. Das Verhalten ist besonders bei noch jüngeren Pferden ausgeprägt. Aber auch ein plumpsendes Gesäß im Sattel kann Bocken auslösen, da es für Pferde sehr unangenehm ist.
- **Richtige Reaktion:** Pferd vor dem Reiten ablongieren und sich ausbuckeln lassen. Wenn möglich: täglicher Weidegang! Bei Reiterfehler geschmeidigen Sitz erlernen.

Es gibt auch Pferde, die trotz genügend Bewegung und ohne ersichtlichen Grund in der Reitstunde einfach losbuckeln. Oft haben sie dann nur eins im Sinn: Den Reiter in Not zu bringen und abzuwerfen. Ist dies geglückt, bleiben sie danach recht schnell wieder stehen.

- **Ursache:** Meistens intelligente Pferde, die schon öfter mit ihrem Buckeln Erfolg hatten.
- **Richtige Reaktion:** Leichter gesagt als getan! Tief im Sattel sitzen bleiben und den Kopf des Pferdes oben behalten. Möglichst gleichzeitige Strafe mit der Gerte.

Scheuen

Die Anwesenheit einer plötzlich auf der Bande liegenden Pferdedecke irritiert das Pferd und es springt unverhofft zur Seite. Das Pferd scheut. Weiteres Vorbeireiten ist nicht mehr möglich. Es starrt mit gespitzten Ohren schnaubend auf die Decke und weigert sich, in deren Nähe zu kommen.

- **Ursache:** Plötzliches Zur-Seite-Springen sichert in der Natur das Überleben. Gerade sensible Pferde nehmen jede Veränderung in ihrer Umgebung wahr und vermuten darin eine »Lebensgefahr«. Einseitiges Training macht das Pferd schreckhafter.

Dieses Pferd bockt und versucht, seinen Reiter abzusetzen.

- **Richtige Reaktion:** Sinnloses Kämpfen und Strafen vermeiden und sein Wissen über das Pferdeverhalten nutzen. Beruhigung und in aller Ruhe das Pferd mit der Situation oder dem »gefährlichen« Gegenstand vertraut machen. Dabei kann es sinnvoll sein, abzusteigen und in diesem Fall das Pferd an der Decke schnuppern zu lassen, damit es sich mit allen Sinnen von deren Ungefährlichkeit überzeugen kann. Alternativ ein erfahrenes Pferd vorausgehen lassen und das ängstliche Pferd hinterherziehen. Mehr Abwechslung im täglichen Training kann auch helfen.

GUT ZU WISSEN

Ohne Grundwissen über das Pferdeverhalten und mangelndes Einfühlungsvermögen bleibt auch der technisch perfekte Reiter nur ein Handwerker und wird nie in den Reitgenuss kommen, mit dem Pferd eine harmonische Beziehung eingehen zu können.

Verweigern und Steigen

Ohne ersichtlichen Grund weigert sich das Pferd vorwärtszugehen und fängt an zu steigen.

- **Ursachen:** Pferde haben gelernt, mit diesem Verhalten ihren Willen durchzusetzen. Reiterliche Fehler wie zu viel Handeinwirkung oder Schmerzen.
- **Richtige Reaktion:** Steigende Pferde sind für Anfänger nicht geeignet, da die Gefahr des Überschlagens besteht, wenn sie ihre Balance verlieren. Sie gehören zur Korrektur in erfahrende Reiterhände, die beherzt nach vorne reiten. Ist dennoch das Pferd unverhofft plötzlich gestiegen, fasst der Reiter sofort um den Pferdehals, um das Pferd nicht aus dem Gleichgewicht zu bringen. Anschließend vermehrt vorwärtsreiten.

Beißen und schlagen

In der Box beißt das Pferd und schlägt beim Auskratzen mit den Hinterbeinen nach dem Reiter.

- **Ursachen:** Negative Erfahrungen mit dem Menschen, Wunsch nach Ruhe, Futterneid, oder das Pferd fühlt sich eingeengt.
- **Richtige Reaktion:** Beißen und Schlagen sind nur von erfahrenen Pferdeleuten mit viel Geduld, Einfühlungsvermögen und Konsequenz zu korrigieren. Beißt ein Pferd gezielt nach dem Reiter, unverzüglich mit einem Klaps auf die Nase strafen, damit der Zusammenhang mit der Tat erkannt werden kann. Fällt die Strafe zu hart aus, wird das Vertrauensverhältnis zum Menschen noch weiter gestört. Anschließend sollte unbedingt wieder ein freundlicher Ton herrschen, denn nur so kann das Verhältnis zum Menschen langfristig gebessert werden.

Problemreaktionen im Gelände

Leider ist nicht immer jeder Ausritt so harmonisch, wie wir es uns wünschen. Besonders im Gelände passieren viele unvorsehbare Situationen, die für den Reiter unangenehme Folgen haben können. Deshalb ist es zu unserer eigenen Sicherheit wichtig, die Reaktionen des Pfer-

des richtig zu deuten und zu verstehen, um entsprechend passend reagieren zu können. Denn ein falsch verstandenes Pferd wird in seinen Reaktionen immer heftiger und schwieriger werden.
Durch intensives Beobachten des Verhaltens lässt sich der Gemütszustand des Pferdes erkennen und seine Reaktion auf die Umwelt erklären. Das Folgende soll helfen, häufige Problemsituationen im Gelände besser zu meistern und das Verhalten des Pferdes zu verstehen.

Situation 1

An einer Hauseinfahrt stehen bei unserem Ausritt große blaue Mülltonnen.

- **Mögliche Reaktionen des Pferdes:** Pferd reißt schon 40 m vor den Mülltonnen den Kopf hoch und fängt an zu zackeln.
- **Gemütszustand:** Zackeln zeigt immer Nervosität, Unsicherheit und Angst. Mithilfe des hochgerissenen Kopfes versucht das Pferd, die Mülltonnen genauer in Augenschein zu nehmen.
- **Richtige Reaktion des Reiters:** Das Pferd mit der Stimme beruhigen, sich langsam dem befremdlichen Gegenstand nähern und ein ruhiges Pferd vorauslaufen lassen. Wenn alles nicht zur Beruhigung beiträgt: absteigen und vorbeiführen.
  Bitte nie strafen, da die Angst sonst noch größer wird.

Situation 2

Eine Gruppe von Reitern galoppiert auf einem Reitweg und plötzlich erscheinen Jogger, die den Reitweg überqueren.

- **Mögliche Reaktionen des Pferdes:** Pferd springt im Galopp ins Gebüsch.
- **Gemütszustand:** Erschrockenheit und Angst durch unvorhersehbare, plötzliche Situation.
- **Richtige Reaktion:** Schon beim Erkennen furchterregender Personen oder Gegenstände sofort zum Schritt durchparieren und dabei beruhigend einwirken. Dem Pferd Zeit lassen, die Situation aufzunehmen.

Aus dem Galopp springt das Pferd plötzlich zur Seite.

Situation 3

Auf unserem Reitweg liegt plötzlich ein altes Fahrrad.

- **Mögliche Reaktion des Pferdes:** Pferd spitzt angespannt die Ohren, in der Nähe des Rads fängt es an, kräftig durch die Nüstern zu schnauben, und stellt den Schweif nach oben. Kurz davor weigert es sich weiterzugehen und macht auf der Hinterhand kehrt.
- **Gemütszustand:** Extrem gespitzte Ohren, Schnauben und hoher Schweif zeigen immer äußerste Anspannung, Angst und Fluchtbereitschaft.
- **Richtige Reaktion des Reiters:** Das Pferd wieder in Ruhe umdrehen und mit beruhigender Stimme und Geduld sich dem Gegenstand nähern. Dabei kann es in entgegengesetzter Richtung des Rads im Schenkelweichen vorbeigeritten werden, um es besser an den Reiterhilfen stehen zu haben. Am besten hilft aber das ruhige Pferd, das vorausläuft. Auch hier nicht strafen, da die Angst sonst noch größer wird.

GUT ZU WISSEN

Angst und Nervosität dürfen nie bestraft werden. Nur durch Beruhigung und Vertrauen kann dem Pferd die nötige Sicherheit gegeben werden.

Situation 4

Eine Gruppe von Reitern reitet im Schritt am Straßenrand. Plötzlich nähert sich von hinten ein Traktor.

- **Mögliche Reaktionen des Pferdes:** Pferde gehen im Galopp durch und lassen sich erst nach 100 m wieder durchparieren.
- **Gemütszustand:** Durchgehen ist immer ein angeborenes Fluchtverhalten und zeigt uns extreme Panik. Dabei wirkt es ansteckend auf die anderen Pferde.
- **Richtige Reaktion:** Ruhig sitzen bleiben und keinesfalls das Pferd anschreien, mit möglichst tiefer Hand Paraden geben. Stimme zur Beruhigung einsetzen. Bei Durchkommen der Hilfen kleiner werdenden Kreis anlegen, um es schließlich in der Mitte durchzuparieren.

Pferde, die bereits bei der kleinsten Kleinigkeit zum Durchgehen neigen, sollten im Gelände aus Sicherheitsgründen nicht geritten werden.

Situation 5

Eine Gruppe von Reitern reitet in der Abteilung im frischen Galopp einen schmalen Reitweg entlang.

- **Mögliche Reaktionen des Pferdes:** Das hinterste Pferd wird immer schneller und versucht, die anderen Pferde zu überholen.
- **Gemütszustand:** Aufgeregtheit, Nervosität, Angst, der Letzte zu sein. Es gibt aber auch Pferde, die aus Ehrgeiz, verbunden mit dem Wunsch, die Führungsrolle zu übernehmen, nicht hinten galoppieren möchten.
- **Richtige Reaktion:** Korrektur nur durch erfahrenen Reiter. Viele Wechsel der einzelnen Positionen in der Gruppe üben, Übergänge von Trab und Galopp in der Abteilung. Dazwischen immer wieder Schrittpausen zur Entspannung. Das Pferd noch besser an die Reiterhilfen stellen.

Jagdreiten, Wander- und Distanzritte

Jagdreiten, Wander- und Distanzritte verlangen von Pferd und Reiter wesentlich mehr an Kondition als ein zweistündiger Ausritt am Wochenende. Im Herbst beginnt die Zeit der Jagdreiter. Gemeinsam mit Reiterkollegen die schöne Natur im freien Galopp zu erleben gehört zu den schönsten Erlebnissen eines Reiters. Eine Teilnahme ohne längere Vorbereitung und Training im Gelände ist für Pferd und Reiter zu gefährlich und aus Sicherheitsgründen abzulehnen.

Hindernisse zur Wahl

Heute kann der Reiter entscheiden, ob er sich einem Feld mit Hindernissen oder einem Feld ohne Hindernisse anschließt. Dies ist eine gute Möglichkeit, auch mit einem noch springunerfahrenen Pferd oder Reiter an Jagden teilzunehmen. Die Hindernisse sind breit genug, dass mehrere Reiter gleichzeitig springen können. Auch besteht die Möglichkeit, an den

Klassische Jagd im Herbst mit Hundemeute

Seiten vorbeizureiten, wenn der Sprung gar nicht gefällt.

Menschlicher »Fuchs«

Jagden finden im Allgemeinen in Deutschland ohne Meute (Jagdhunde) statt. Der »Fuchs«, zu erkennen an dem auf der Schulter befestigten Fuchsschwanz, reitet voraus und bestimmt Tempo und Weg. Dahinter folgt der sogenannte Master, der das dahinter galoppierende Feld auf Abstand vom Fuchs hält.

Sicherheitshinweise

Folgende Hinweise zu unserer eigenen und zur Sicherheit anderer sind auf einer Jagd zu beachten:

- Ein Pferd, das schlägt, ist mit einer roten Schleife um den Schweif zu kennzeichnen. Es gehört immer ans Ende eines Feldes.
- Zum Vordermann genügend Abstand halten und auf »Lücke« reiten, damit dieser im Falle eines Sturzes nicht von uns überritten wird.
- Beim Springen immer auf genügend Abstand zu unserem Vordermann achten. Auch er kann plötzlich vor dem Sprung stehen bleiben.
- Nicht den Weg kreuzen, damit nachfolgende Reiter nicht gefährdet werden.
- Sprünge gerade und nicht im Zickzackkurs anreiten, damit der nachfolgende Reiter sich darauf einstellen kann.
- Im Falle eines Sturzes leistet der nachfolgende Reiter Hilfe.
- Erfahrene Pferde und Reiter führen immer das Feld an.
- Rücksichtnahme für Reiter auf unerfahrenen Pferden ist selbstverständlich.
- Verweigert das Pferd einen Sprung, ist erst neu anzureiten, wenn das Feld vorbeigezogen ist. Einfach stehen bleiben und, wenn möglich, zur Seite reiten.
- Heftige Pferde werden seitlich des Feldes geritten, um große Volten zu reiten, wenn das Pferd durchgeht.
- Bei Sturz muss der Reiter sofort den Weg frei machen, wobei er möglichst das Pferd festzuhalten hat, damit nicht das ganze Feld gestört wird.
- Der am Anfang eingenommene Platz ist während der Jagd einzuhalten.

Stopp und »Halali«

In der Regel ist auf der Hälfte des Rittes ein »Stopp«. Diesen nutzen wir nicht nur für uns, sondern versorgen auch unser Pferd. Bei Wind legen wir eine Abschwitzdecke auf den Rücken und führen es trocken. Anschließend kann das Pferd grasen, bis die Jagd weitergeht. Am Ende des Rittes erwartet den Reiter das »Halali«. Hier werden alte Traditionen fortgesetzt. Als Erinnerung gibt es für alle Teilnehmer einen »Bruch« (Eichenblatt) und das gemeinsame Erlebnis wird in schöner Atmosphäre gefeiert.

Ritte über lange Strecken

Meist gehen Wanderritte über mehrere Tage, wobei mehrere Stunden pro Tag geritten werden. Die Route ist vom Berittführer genau geplant, sodass jeder Teilnehmer sich vorher über die Anforderungen entsprechend informieren kann. Überraschungen bleiben aus und eine optimale Vorbereitung ist für Pferd und Reiter möglich. Damit Verletzungen und Überbelas-

tungen erst gar nicht auftreten, bauen wir mit unserem Pferd langsam Kondition auf.
Zur Optimierung des Trainings sollten wir einen Wochenplan mit einem erfahrenen Distanzreiter erstellen und uns das Messen des Pulses zeigen lassen, um den Trainingszustand zu beurteilen.

Die Vorbereitung von Distanzritten

Distanzpferde werden aus Tradition auf einer Westernkandare gezäumt, die nicht in unerfahrene Reiterhände gehört. Jede normale Trense erfüllt ebenso ihren Zweck. Von besonderer Bedeutung ist im Distanzsport das richtige Reithalfter, das auf keinen Fall die Luft des Pferdes einengen darf. Das Pferd wird dabei immer mit der Nase deutlich vor der Senkrechten in losgelassener Haltung geritten.
Bei Distanzritten ist die Streckenlänge je nach Schweregrad wie folgt eingeteilt:

- Einführungswettbewerbe gehen über eine Strecke von 25–40 km (Mindestalter des Pferdes 5 Jahre).
- Mittlere Distanzen sind Distanzen über 41–60 km lang (Mindestalter des Pferdes 6 Jahre).
- Bei langen Distanzen wird eine Strecke von über 81 km auf dem Pferderücken zurückgelegt. (Mindestalter des Pferdes 7 Jahre).

Nur ein geeignetes Pferd, das sich durch Härte und Ausdauer auszeichnet, wird erfolgreich einen Distanzritt beenden. Hierfür sind besonders Pferde mit arabischem Vollblut geeignet. Die meisten Distanzritte werden nach der benötigten Zeit für die ausgeschriebene Strecke bewertet. Deshalb kennt ein Distanzreiter sein Pferd genau und wählt das optimale Tempo im Schritt, Trab und Galopp, um den Wettkampf schnellstens ohne gesundheitliche Schäden zu beenden.

Der Tierarzt kontrolliert

Allen Veranstaltungen ist jedoch eines gemeinsam: strenge Tierarztkontrollen, um früh genug eine Überforderung des Pferdes zu erkennen. In regelmäßigen Abständen untersucht ein Tierarzt den Puls des Pferdes, der innerhalb von 20 Minuten auf 64 Schläge in der Minute heruntergehen muss. Auch werden die Pferde auf Druckstellen und Lahmheiten untersucht. Diese führen sofort zum Ausschluss.

Distanzreiter zäumen ihr Pferd ohne Reithalfter.

Ausbildung, Training, Turniere

Die Ausbildung eines Pferdes sollte immer nur durch erfahrene Reiter erfolgen, jedoch kann ein verantwortungsvoller Reiter schon früh anhand einiger Erkennungsmerkmale seinen Blick für ein zufriedenes, korrekt ausgebildetes Pferd schärfen.

Die Ausbildungsskala eines Pferdes

Die Skala der Ausbildung ist der Leitfaden in der Ausbildung eines Pferdes und durch die Deutsche Reiterliche Vereinigung (FN) in den »Richtlinien für Reiten und Fahren, Band 1« festgelegt.

Ausbildungsziele

Das Ziel der Ausbildungsskala ist ein sogenanntes durchlässiges Reitpferd, das willig ohne Zögern, Gegenwehr, Angst und Überforderung die Reiterhilfen annimmt (durchlässt). Durchlässigkeit ist für jedes Reitpferd wichtig! Dabei spielt es keine Rolle, ob es sich um ein Dressur-, Spring- oder Freizeitpferd handelt. Auch ein Freizeitpferd muss sicher die Reiterhilfen annehmen, um gefährliche Situationen zu vermeiden. Zum Beispiel sollte sich jedes Pferd zu jedem Zeitpunkt aus dem Galopp willig durchparieren lassen und ohne Widerstand den Reiterhilfen folgen. Auch für den Richter auf Reitturnieren dient die Skala als Leitfaden für die Beurteilung einer gezeigten Leistung. Mithilfe verschiedener Erkennungsmerkmale beim Pferd sollte der verantwortungsvolle Reiter immer wieder seinen eigenen Blick schulen, um ein zufriedenes, williges und korrekt gerittenes Pferd zu erkennen.

Pferd in diagonaler Fußfolge im Trab

6 Punkte der Ausbildungsskala

1. Takt
2. Losgelassenheit
3. Anlehnung
4. Schwung
5. Geraderichtung
6. Versammlung

→ Durchlässigkeit

Die 6 Punkte dürfen nicht isoliert betrachtet werden, denn sie greifen ineinander und sind voneinander abhängig.
Beispiel: Ein Pferd kann nur losgelassen gehen, wenn es im Takt geht, und dieser ist ebenso nur möglich, wenn das Pferd losgelassen ist. Takt und Losgelassenheit sind die Grundvoraussetzungen für harmonisches Reiten und somit wieder Voraussetzung für die nachfolgenden Punkte. Erst wenn das Grundgerüst stimmt, kann der Ausbilder eines Pferdes die höheren Ziele der Skala erarbeiten.

Der Takt

Zuerst lernt das junge Pferd, sich in allen drei Grundgangarten taktmäßig zu bewegen. Um im Takt zu gehen, ist im Schritt jeder Schritt, im Trab jeder Tritt und im Galopp jeder Sprung gleich groß und gleich lang. Der Viertakt im Schritt, der Zweitakt im Trab und der Dreitakt im Galopp bleiben sicher auch bei Tempowechsel erhalten. Die FN definiert den Takt als »räumliches und zeitliches Gleichmaß in den jeweiligen Grundgangarten«. Taktstörungen entstehen in der Regel durch schiefes Sitzen des Reiters, zu starke Handeinwirkung und mangelndes Nachtreiben, besonders in Wendungen. Auch Balanceprobleme bei jungen Pferden führen zu Taktstörungen. Sind keine ersichtlichen Gründe durch den Reiter feststellbar, können auch Schmerzen die Ursache sein. In diesem Fall ist ein Tierarzt zu Rate zu ziehen.

Losgelassenheit

Bewegt sich ein Pferd in allen drei Grundgangarten im Takt, ist die Grundvorrausetzung für

Vorwärts-abwärts-Reiten fördert die Losgelassenheit des Pferdes.

Losgelassenheit geschaffen. Das Pferd lässt sich im Rücken los, fühlt sich bei der Arbeit wohl und lässt den Reiter bequem auf seinem schwingenden Rücken sitzen. Es ist sowohl körperlich als auch geistig entspannt und nimmt die Hilfengebung des Reiters an, ohne sich dabei zu verspannen. Wie lange ein Pferd in einer Reitstunde benötigt, um zu seiner Losgelassenheit zu kommen, ist von Pferd zu Pferd unterschiedlich.
Die wichtigsten Merkmale für ein losgelassenes Pferd sind:

- Pendelnder Schweif ohne ständiges Schlagen
- Schwingender Rücken, der den Reiter gut sitzen lässt
- Zufriedener Gesichtsausdruck
- Kauendes geschlossenes Maul
- Entspanntes Ohrenspiel
- Vorwärts-abwärts-Dehnen des Halses beim Zügel-aus-der-Hand-Kauen

Wer sein Auge schult, wird schnell anhand der beschriebenen Merkmale erkennen, ob das Pferd physisch und psychisch losgelassen ist.

Pferd zufrieden auf dem Gebiss kauend bei korrekter weicher Anlehnung

Lösende Übungen für junge und auch ausgebildete Pferde sind zum Beispiel: Schenkelweichen, Vorhandwendung, Leichttraben, Zügel aus der Hand kauen lassen und Reiten auf großen gebogenen Linien. Auch Übergänge zwischen Trab und Galopp, Reiten über Cavaletti oder ein kleiner Sprung können die Losgelassenheit fördern. Ebenfalls hilft auch Longieren oder Freispringen.

Anlehnung

Unter Anlehnung ist eine gleichmäßige weiche Zügelverbindung zwischen Pferdemaul und Reiterhand zu verstehen. Die Stirnlinie des Pferdes ist an oder leicht vor der Senkrechten, es kaut zufrieden auf seinem Gebiss und streckt sich auf Wunsch in jeder Phase der Reitstunde vorwärts-abwärts. Das Pferd geht »am Zügel«. Nur in dieser Haltung kann sich das Pferd wohlfühlen, selbst sein Gleichgewicht finden und sein volles Bewegungspotenzial ausschöpfen. Sind Takt und Losgelassenheit vorhanden, baut der Reiter bei einfühlsamen treibenden Hilfen für einen Moment mit seinen Fäusten einen sanften Gegendruck auf, bis das Pferd im Genick nachgibt und eine gleichmäßige Verbindung zum Pferdemaul besteht. Wird die Anlehnung durch Rückwärtsziehen mit der Reiterhand erzwungen, gehen Takt und Losgelassenheit verloren. Das Pferd fühlt sich unwohl und verspannt sich. Manche Pferde reagieren sehr empfindlich im Maul, und andere brauchen schon mal etwas mehr Gegendruck. So kann es durchaus einmal nötig sein, die durchhaltenden Zügelhilfen etwas stärker einzusetzen. Jedoch muss nach der annehmenden Zügelhilfe möglichst schnell das Nachgeben erfolgen, um wieder eine weiche Verbindung herzustellen. Ansonsten stören wir das Pferd im Maul und provozieren Widersetzlichkeiten.

So soll die korrekte Anlehnung aussehen! Das Pferd geht am Zügel. Die Stirnlinie des Pferdes ist leicht vor der Senkrechten und das Genick höchster Punkt.

Das Pferd geht hinter dem Zügel. Durch die feste Reiterhand und zu wenig treibende Hilfen hat das Pferd sich im Hals eingerollt und die Stirnlinie ist hinter der Senkrechten.

Das Pferd geht über dem Zügel. Die Stirnlinie ist deutlich vor der Senkrechten und das Pferd drückt gegen die Reiterhand.

Im Galopp spuren die Hinterhufe des Pferdes in die Spuren der Vorderhufe.

Hinterhufe spuren deutlich neben die Spur der Vorderhufe.

Schwung

Unter Schwung versteht man das energische Abfußen der Hinterbeine im Trab und Galopp, die in der Schwebephase deutlich unter den Schwerpunkt des Pferdes schwingen. Die Rückenmuskulatur lässt den Schwung durch den Körper, sodass der Reiter gut in die Bewegung mitgenommen wird.

Der Schritt ist eine schwunglose Gangart, da keine Schwebephase vorhanden ist. Takt, Losgelassenheit und eine sichere Anlehnung sind Voraussetzungen für einen schwungvollen Trab und Galopp. Um Schwung beim Pferd zu entwickeln, sind viele Übergänge und Tempowechsel ratsam. Das Pferd wird gymnastisiert und die Hinterbeine entwickeln mehr Schubkraft nach vorn. Ein wiederholtes Verlängern und Verkürzen der Tritte führt zwangsläufig zu einem fleißigen aktiven Antritt aus der Hinterhand.

Geraderichtung

Der fünfte Punkt der Ausbildungsskala ist die Geraderichtung. Ein Pferd ist gerade gerichtet, wenn die Hinterhufe in die Hufspuren der Vorderhufe treten (hufschlagdeckend). Auch in Wendungen darf die Hinterhand nicht seitlich ausweichen. Nur bei einem gerade gerichteten Pferd kann sich der Schwung in der Hinterhand voll entfalten und wird ein gleichmäßiges Biegen auf beiden Händen möglich. Bei einen schief gehenden Pferd werden die Hinterbeine unterschiedlich belastet, was langfristig zu gesundheitlichen Problemen führen kann. Auch hier können verschiedene Übungen zur Verbesserung der Geraderichtung beitragen. So fördern z. B. das Reiten von Wendungen sowie das Reiten von Seitengängen auf beiden Händen die Geraderichtung.

Versammlung

Unter Versammlung versteht man eine erhöhte Lastaufnahme der Hinterhand, die durch vermehrte Beugung der Hanken (Hüft-, Knie- und Sprunggelenk) zustande kommt. Die Kruppe senkt sich und das Pferd geht »bergauf«. Dadurch wird die von Natur aus stärker belastete Vorhand entlastet und die Bewegungen werden bei verkürztem Raumgriff in der Vorhand erhabener. Versammlung wird nicht durch rückwärts

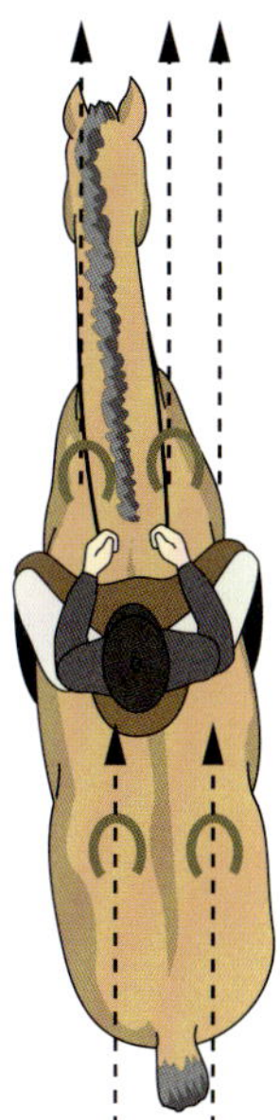

Nach rechts schief gehendes Pferd

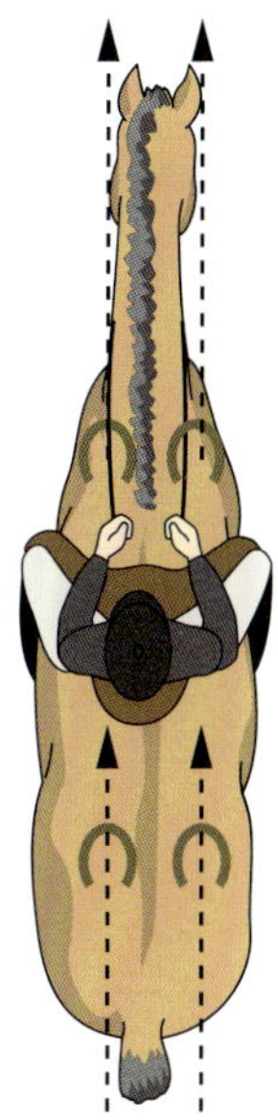

Gerade gerichtetes Pferd

wirkende Zügeleinwirkung erreicht. Ein gutes Zusammenspiel der Reiterhilfen und viele Übungen für das Pferd sind nötig, um Versammlung zu fördern. So helfen zum Beispiel Tempowechsel, Seitengänge und kleine Wendungen, das Pferd in der Versammlung zu verbessern. Lektionen mit der größten Versammlung sind Piaffen und Passagen, die in den schweren Dressurprüfungen abgefragt werden. Für den Betrachter ist es nicht einfach zu erkennen, ob ein Pferd richtig versammelt oder nur im Tempo langsamer geht. Gerade am Anfang ist die Versammlung für das Pferd sehr anstrengend, da es viel Kraft in der Hinterhand benötigt. Deshalb genügen zu Beginn kleine Reprisen, um eine Überforderung zu vermeiden.

Piaffe an der Hand mit deutlicher Hankenbiegung

Passage ist ein Trab, der mit verzögerten Tritten mit einer verlängerten Schwebephase ausgeführt wird. Die Unterarme der Vorhand werden bis fast zur Waagrechten angehoben und die Gelenke der Hinterhand sind deutlich gebogen und nehmen vermehrt Last auf. Das Pferd bewegt sich dabei mit einem geringen Raumgewinn vorwärts.

Ansatz zur Piaffe mit schöner Selbsthaltung

Vielseitiges Training

Unsere Pferde sind zwar Gewohnheitstiere, jedoch wirkt sich immer das gleiche Training demotivierend aus. Ständiges Pauken von Lektionen oder Springen über den gleichen Parcours ist langweilig. Im Springen stellen sich Verweigerungen ein oder das Pferd ist nicht mehr aufmerksam und die Stangen fallen. In der Dressur ist die Unzufriedenheit nicht so leicht ersichtlich. Es fehlt den Pferden an Gehfreude oder sie widersetzen sich den Reiterhilfen.

Abwechslung im Trainingsalltag ist gefragt, um dem Pferd den Spaß an der Arbeit zu erhalten. Der Reiter muss sich sehr gut überlegen, wie sein Wochentrainingsplan aussehen kann. Außer der gewöhnlichen Arbeit bieten sich Longenarbeit, Stangenarbeit, Ausritte, Bodenarbeit, Rennbahntraining oder Freispringen an.

In Intervallen planen

Egal, was unser Arbeitsprogramm vorsieht: Das Training sollte immer in Intervallen gestaltet werden. Das heißt, nach einem langen anstrengenden Ausritt muss der nächste Tag etwas ruhiger angegangen werden. Longieren oder auch nur Vorwärts-abwärts-Reiten fördert dabei die Regeneration der Muskulatur.

Hohe Aktion im spanischen Schritt mit der rechten Vorhand

Das eigene Pferd

Die Anschaffung eines Pferdes sollte sehr gut überlegt werden, denn der benötigte Zeitaufwand ist groß. Auch wenn das Pferd den ganzen Tag auf einer Weide steht, sollten wir täglich nach seinem Wohlbefinden sehen. Neben den Anschaffungskosten sind die laufenden Kosten wie Boxenmiete, Hufschmied, Versicherung und Tierarzt mit in die Kalkulation einzubeziehen. Bevor es gleich ein eigenes Pferd sein muss, besteht die Möglichkeit, eine Reitbeteiligung an einem anderen Pferd zu suchen. Gegen Kostenübernahme dürfen wir dann je nach Vereinbarung mehrmals wöchentlich reiten. Vielleicht ergibt sich die Gelegenheit, denn andere Pferdebesitzer sind ebenso dankbar, wenn sie nicht jeden Tag in die Pflicht genommen werden.

Viel Planung ist nötig

Wer dennoch den Traum vom eigenen Pferd verwirklichen möchte, sollte inzwischen ein sicherer Reiter sein, der die finanziellen Möglichkeiten besitzt, das Pferd artgerecht unterzubringen. Besonders ist darauf zu achten, dass ein guter Reitlehrer uns zur Seite steht und gegebenenfalls das Pferd immer wieder zur Korrektur reitet. Des Weiteren sollten wir uns schon jetzt Gedanken machen, wer unser Pferd pflegt, wenn wir einmal zeitlich verhindert sind. Vor der Pferdesuche müssen wir genau überlegen, welche Anforderungen und Charaktereigenschaften unser Pferd besitzen soll. Ein Familienpferd muss andere Eigenschaften besitzen als ein Sportpferd. Es benötigt keine überragenden Gänge, aber einen angenehmen Sitzkomfort und ein guter Charakter ist absolut wünschenswert. Liegt unsere Vorliebe beim Springen, sollten wir auch Ausschau nach einem Springpferd halten. Ein Dressurpferd wird sicherlich auch springen können – jedoch wird es sich bei einem anspruchsvolleren Parcours deutlich schwerer tun. Denken wir auch daran: Schwierige Pferde und Korrekturpferde gehören nicht in Anfängerhand. Was nützt das beste Pferd im Stall, wenn wir es selbst nicht reiten können!

Hier haben sich wohl zwei gefunden, die sich mögen und gut zusammenpassen.

Das passende Pferd finden

Nehmen wir uns Zeit bei der Suche und setzen uns nicht unter Druck. Wenn wir ein Pferd ausgesucht haben, lassen wir es uns vorreiten. Dabei können wir genau sehen, wie weit es ausgebildet ist. Anschließend reiten wir es selbst und entscheiden, ob wir eine Beziehung mit ihm eingehen können. Denken wir aber immer daran: Das fehlerfreie Pferd gibt es nicht und gewisse Charaktereigenschaften lassen sich nur schwer verändern. Entscheidend ist, ob wir mit den Eigenschaften leben und zurechtkommen können. Manche Verkäufer geben das Pferd auch für ein paar Tage zum Probereiten. Das freundliche Entgegenkommen bietet uns nochmals eine Möglichkeit, es in fremder Umgebung zu testen. Verständlicherweise bieten das nicht alle Verkäufer an, da sie oft schlechte Erfahrungen gesammelt haben. Sollte unser Urteil positiv ausgefallen sein, fragen wir zum Abschluss einen erfahrenen Pferdekenner unseres Vertrauens um seine Meinung. Vor der Unterschrift des Kaufvertrags ist eine tierärztliche Ankaufsuntersuchung zu empfehlen. Diese gibt Auskunft über den jetzigen Gesundheitszustand des Pferdes. Erklärt der Tierarzt auch sein Einverständnis, steht dem Kauf nichts mehr im Wege.

Die Reiterin kennt ihr Pferd und genießt den Ausritt.

Zeit zum Eingewöhnen

Steht unser eigenes Pferd im Stall, sollten wir ihm Zeit lassen, sich an die neue Umgebung zu gewöhnen. Um sich gegenseitig kennenzulernen und Vertrauen aufzubauen, sollten wir viel Zeit mit ihm verbringen. Unsere neuen Aufgaben sind als Pferdebesitzer vielfältig. Jeden Tag ist neben dem Reiten das Trinkwasser zu kontrollieren, auf Sauberkeit im Stall zu achten und für eine gute Fütterung zu sorgen. Bei dem Verdacht auf Krankheit sollten wir gleich den Tierarzt rufen. Denn je früher ernsthafte Erkrankungen beim Pferd erkannt werden, umso besser sind die Heilungschancen.

Leider kommt es immer wieder vor, dass der Reiter und sein Pferd nicht zueinanderfinden und das Zusammensein mehr Stress als Freude bringt. Auch Durchhaltevermögen und der beste Wille führen nicht immer zum Erfolg und zur angestrebten Harmonie. In solch einem Fall ist es besser, sich zu trennen und sein Glück wieder neu zu suchen.

Wie wird man Turnierreiter?

Die Deutsche Reiterliche Vereinigung (Fédération Equestre Nationale), kurz FN genannt, ist der Bundesverband für Pferdesport und Pferdezucht in Deutschland mit Sitz in Warendorf. Jede Turniernennung wird von der FN registriert und jedes Turnierpferd mit seinen Starts und Erfolgen erfasst.

Wettbewerbe und Leistungsprüfungen

Das Turniersystem unterscheidet Wettbewerbe (WB) und Leistungsprüfungen (LP). Wettbewerbe sind Prüfungen im Einsteigerbereich in allen Disziplinen und decken den Breitensport ab. Es ist für den Anfänger ratsam, hier Erfahrung zu sammeln.
Das Regelwerk und alle Möglichkeiten von Ausführungen von Prüfungen finden wir in der sogenannten WBO (Wettbewerbsprüfungsordnung). Wenn wir uns für eine Prüfung anmelden, muss die Nennung mit einem entsprechenden »WBO Nennungsformular« erfolgen. Dies ist beim Veranstalter, beim eigenen Reiterverein, oder auf *www.pferd-aktuell.de* zu erhalten.

Die Jahresturnierlizenz

Möchten wir in Leistungsprüfungen (LP) der Klasse A oder höher gemäß dem zuständigen Regelwerk der LPO (Leistungsprüfungsordnung) starten, ist eine FN-Jahresturnierlizenz zu beantragen. Voraussetzungen sind für den Erhalt jedoch das Bestehen eines Reit-/Fahrabzeichens und eine Mitgliedschaft in einem Reit-/Fahrverein, für den wir als startberechtigt gelten. Der ausgefüllte Antrag auf Erstausstellung einer FN-Jahreslizenz ist mit einer Kopie des Reitabzeichens und dem Stempel unseres Vereins an die FN zu senden. Möchte man eine Turniernennung abgeben, muss eine Kennung und ein Passwort für die Anmeldung im Internet bei der FN beantragt werden unter www.fn-neon.de. Nach der Registrierung sendet die FN alle benötigten Daten per Mail zu.

Termine

In den Pferdezeitschriften der Landesverbände werden jeden Monat die Ausschreibungen von Turnieren veröffentlicht. Alternativ dazu können wir online unter www.fn-neon.de alle eingestellten Turniertermine abfragen.

Erste Erfahrungen auf dem Turnier sollten im Viereck gesammelt werden.

Ethische Grundsätze

Die ethischen Grundsätze des Pferdefreundes wurden zum Schutz des Pferdes von der Deutschen Reiterlichen Vereinigung (FN) herausgegeben.

Für einen besseren Umgang mit dem Pferd

Durch die Zunahme an Reitern ohne Erfahrung im Umgang und in der artgerechten Haltung eines Pferdes sah es die Deutsche Reiterliche Vereinigung für dringend erforderlich, diese Grundsätze aufzustellen. Auch die ständig steigende Kommerzialisierung des Pferdesports hatte natürlich negative Auswirkungen auf den Umgang mit dem Pferd und seine Wertschätzung. Deshalb sind die Grundsätze auch im Regelwerk des Turniersports aufgenommen und haben Gesetzescharakter.
Bei Verstoß stehen entsprechend verschiedene Strafen für den Reiter zur Verfügung. Für uns als Pferdefreunde sollte es selbstverständlich sein, ein Pferd entsprechend seiner natürlichen Veranlagungen zu halten und einen korrekten Umgang zu pflegen.

Die festgelegten Grundsätze

- Wer auch immer sich mit dem Pferd beschäftigt, übernimmt die Verantwortung für das ihm anvertraute Lebewesen.

- Die Haltung des Pferdes muss seinen natürlichen Bedürfnissen angepasst werden.

- Der physischen wie psychischen Gesundheit des Pferdes ist unabhängig von seiner Nutzung oberste Bedeutung einzuräumen.

- Der Mensch hat jedes Pferd gleich zu achten, unabhängig von dessen Rasse, Alter und Geschlecht sowie Einsatz in Zucht, Freizeit oder Sport.

- Das Wissen um die Geschichte des Pferdes, um seine Bedürfnisse sowie die Kenntnisse im Umgang mit dem Pferd sind kulturgeschichtliche Güter. Diese gilt es zu wahren und zu vermitteln und nachfolgenden Generationen zu überliefern.

- Der Umgang mit dem Pferd hat eine persönlichkeitsprägende Bedeutung gerade für junge Menschen. Diese Bedeutung ist stets zu beachten und zu fördern.

- Der Mensch, der gemeinsam mit dem Pferd Sport betreibt, hat sich und das ihm anvertraute Pferd einer Ausbildung zu unterziehen. Ziel jeder Ausbildung ist die größtmögliche Harmonie zwischen Mensch und Pferd.

- Die Nutzung des Pferdes im Leistungs- und im allgemeinen Reit-, Fahr- und Voltigiersport muss sich an seiner Veranlagung, seinem Leistungsvermögen und seiner Leistungsbereitschaft orientieren.

- Die Beeinflussung des Leistungsvermögens durch medikamentöse sowie nicht pferdegerechte Einwirkung des Menschen ist abzulehnen und muss geahndet werden.

- Die Verantwortung des Menschen für das ihm anvertraute Pferd erstreckt sich auch auf das Lebensende des Pferdes. Dieser Verantwortung muss der Mensch stets im Sinne des Pferdes gerecht werden.

Aufgestellt von der Deutschen Reiterlichen Vereinigung (FN) im Jahr 1994

Regeln ersetzen nicht den »Pferdeverstand«

Auch die ethischen Grundsätze lassen in der Auslegung noch viele Fragen offen und im gewissen Maße bleibt immer eine subjektive Anschauungsweise möglich. Was ein Reiter für das Pferd als Überforderung empfindet, findet ein anderer als zumutbar und richtig. Deshalb kann man nur an einen gesunden Menschenverstand in Kombination mit Pferdesachverstand appellieren, damit das Pferd nicht der Leidtragende ist.

Hier stimmt etwas nicht – die Anzeichen

Pferde können nicht sprechen, aber es gibt viele Anzeichen beim Reiten, die uns über ihr Befinden Auskunft geben. Die wichtigsten sind hier noch einmal zusammengefasst:

- Aufgerissene Augen, hohe Kopfhaltung und Schnauben sind immer ein Anzeichen für Spannung und Angst.
- Anhand der Ausbildungsskala lässt sich überprüfen, ob ein Pferd sich unter dem Reiter wohlfühlt und losgelassen ist. Offene Pferdemäuler, häufiges Kopfschlagen, ständiges Schlagen mit dem Schweif oder deutliche Widersetzlichkeiten zeigen Verspannungen und Unwohlsein sowie einen Mangel an Vertrauen zum Reiter.
- Taktprobleme im Bewegungsablauf sind oft ein Zeichen für fehlerhaftes Reiten und zu viel Handeinwirkung. Sie können aber auch auf ein gesundheitliches Problem hinweisen.
- Bei Höchstleistungen ist es normal, dass ein Pferd stark schwitzt. Aber stundenlanges Üben von Lektionen bis zur völligen Erschöpfung und Kraftlosigkeit sind keine Bilder, die zu einer pferdegerechten Ausbildung gehören.
- Ständig auf die Brust gezogene Pferdemäuler und verdrehte Augen haben nichts mit richtigem Reiten zu tun. Hier bewirkt die übertriebene Handeinwirkung beim Pferd Schmerzen und Demütigung. Ein trauriger Anblick für den Betrachter.

Reiten darf nicht nur dem Reiter Freude bereiten und das Ziel sollte immer die größtmögliche gemeinsame Harmonie mit dem Pferd sein. Als geistig überlegenes Wesen sind wir in jeder Situation für das Wohlergehen unseres Pferdes verantwortlich und sportliche Ziele dürfen nie im Vordergrund stehen. Immer wieder sollten wir uns bewusst machen, dass die meisten Probleme im Umgang und auf dem Pferd durch Unverständnis, mangelndes Wissen und falsche reiterliche Einwirkung entstehen. Erfolg und Misserfolg wechseln sich gegenseitig ab. Doch gerade darin liegen im besonderen Maße Reiz und Faszination für uns Reiter beim Umgang mit unseren Pferden.

Nachwort

In diesem Buch haben wir versucht, sowohl Kenntnisse im Umgang und im Reiten als auch die natürlichen Verhaltensweisen des Pferdes zu vermitteln. Denn nur eine artgerechte Behandlung führt zur gewünschten Harmonie zwischen Reiter und Pferd. Ein Pferd ist mehr als ein Haustier. Es vermittelt Natur und Freiheit und ist uns ein Erzieher, der immer wieder unsere Schwächen aufzeigt, wenn wir es nur zulassen. Wer Pferde von ganzem Herzen liebt, wird neben dem Erlernen der reittechnischen Kenntnissen ebenso versuchen, seine Sprache zu verstehen. Er wird das Pferd immer als Geschöpf mit eigenen Gefühlen und eigener Persönlichkeit achten und mit genügend Begeisterung, Ausdauer und Fleiß richtig reiten lernen!

Literatur

Putz, Michael/Miesner, Susanne/Plewa, Martin: Richtlinien für Reiten und Fahren, Band 1: Grundausbildung für Reiter und Pferd, FN-Verlag der Deutschen Reiterlichen Vereinigung, Warendorf, 2005

Hinrichs, Richard: Reiten mit feinen Hilfen – Sitz, Einwirkung, Motivation für Pferd und Reiter, Franckh Kosmos Verlag, Stuttgart, 2005

Strauch, Silvia Christine: Wie Pferde denken, BLV Verlag, München, 2010

Hess, Christoph/Schlemm, Petra: Besser Reiten – Wo ist das Problem?: Sitz – Einwirkung – Losgelassenheit – Springen, FN-Verlag der Deutschen Reiterlichen Vereinigung, Warendorf, 2008

Stichwortverzeichnis

Über die Autorin

Als Tochter einer pferdebegeisterten Familie hatte Ina von König-Bunk schon in frühester Kindheit Kontakt zu Pferden. So erhielt sie nach anfänglichem Voltigieren mit zwölf Jahren ihren ersten Reitunterricht. Das Interesse am Turniersport wuchs und so wurde sie mit selbst ausgebildeten Pferden aktive Turnierreiterin. Ihre Reitweise und das Verständnis zum Pferd wurden insbesondere im klassischen Reitinstitut Egon von Neindorff geprägt. Auf dem weiteren Weg wurde Richard Hinrichs, einer der bekanntesten Ausbilder für klassisches Reiten, ihr Lehrmeister in der Verfeinerung der Hilfen zum »richtig Reiten«. Als Ausbilderin von Reitern und Pferden, Richterin auf Reitturnieren und Hobbyzüchterin dreht sich alles bei der Diplom-Betriebswirtin in ihrer Freizeit um Reiter und Pferde.

Zusammen mit ihrer Familie und ihren Pferden lebt sie auf einem Hof in Kirchlengern in Nordrhein-Westfalen. Die Harmonie zwischen Reiter und Pferd, die korrekte Ausbildung sowie zufriedene motivierte Reiter und Pferde liegen ihr besonders am Herzen.

Bibliografische Information der Deutschen Nationalbibliothek
Die Deutsche Nationalbibliothek verzeichnet diese Publikation in der Deutschen Nationalbibliografie; detaillierte bibliografische Daten sind im Internet über http://dnb.d-nb.de abrufbar.

5. Auflage

BLV Buchverlag
GmbH & Co. KG
80636 München

Hinweis
Das vorliegende Buch wurde sorgfältig erarbeitet. Dennoch erfolgen alle Angaben ohne Gewähr. Weder Autorin noch Verlag können für eventuelle Nachteile oder Schäden, die aus den im Buch vorgestellten Informationen resultieren, eine Haftung übernehmen.

Bildnachweis
Alle Fotos Archiv Ina von König-Bunk, außer:
Bronkhorst, Arnd: S. 115, 117, 123
Grebler, Manfred: S. 5 re., 6, 8/9, 10, 11, 107, 109, 124/125
Heepmann, Karolin: S. 7
Mettler, Christian (www.pferderennen-foto.ch): S. 70
Pieper, Bianca: S. 28, 132, 133 (2)
Slawik, Christiane: S. 10
Sorge, Frank: S. 119
Toffi, Jacques: S. 5 li., 110/111, 119, 121

Grafiken: Jörg Mair, München

Umschlagfotos: Archiv Ina von König-Bunk

Lektorat: Maritta Kremmler, Dr. Marion Ónodi
Herstellung: Angelika Tröger, Janina Beckmann
DTP: Satz+Layout Peter Fruth GmbH, München

Gedruckt auf chlorfrei gebleichtem Papier

Printed in Germany
ISBN 978-3-8354-1884-4

www.facebook.com/blvVerlag